소스 달인의 조리법

소스의 비밀

Secret of Sauce

소스 달인의 조리법

소스의 비밀

Secret of Sauce

최수근 · 이은정 지음

국내 유명 레스토랑에서 실제 쓰이는 소스의 비밀 다량 수록
서양 · 한 · 중 · 일 모든 소스의 개념 체계화

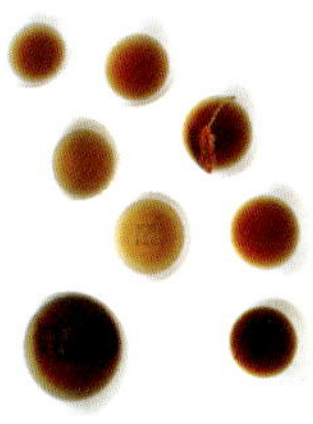

형설출판사
www.hyungseul.co.kr

머리말

14년전 전원생활을 동경하며 과감히 도시생활을 접고 대구근교 작은 시골마을로 이사를 했다. 주렁주렁 달린 감도 누런 벼들도 온통 전원생활의 축복이었다. 그런데 한 가지 늘 불안함을 감출 수 없었던 일들이 있었다. 도시사람들은 누구나 전원생활에 대한 조금의 동경이 있다. 그러다 보니 좀 더 용기가 있어 일찍 시골생활을 시작한 우리 집이 주변의 친구들에게는 더없이 좋은 견학코스가 된 것이다. 미리 약속이 된 친구들은 간단한 시골 밥상에 감탄하면서 한 끼를 먹고 가지만 불시에 들이닥치는 – 지나가다 들르는(그들의 변명) – 친구들의 방문은 항상 부엌에서 동동거리게 만들었다. 시골마당에 있는 푸성귀로 반찬을 만든다 해도 한꺼번에 여러 명의 밥상을 마련해야 하는 일은 주부에게는 부담이 될 수밖에 없었다. 그 때마다 늘 소스의 필요성을 느끼며 시간절약용 소스를 생각했다. 소스 아카데미 과정에서 소스를 접하면서 소스란 요리의 맛과 질을 좌우하는 가장 중대한 요소임을 새삼 깨우치게 되었다. 소스를 간단히 시간절약용으로만 생각했던 나에게는 새로운 인식의 전환점이 되었다. 같은 음식재료라도 어떤 소스를 쓰느냐에 따라 서양식 먹거리도 될 수 있고 동양식 먹거리, 뿐만 아니라 퓨전요리의 거창한 주요리 메뉴도 탄생시킬 수 있었다. 요리명장들의 열띤 강의와 그 손끝에서 창출되는 소스들은 요리가 예술이 되기에 충분하였다. 또한 환경이나 생활여건에 따라서도 변화되는 소스를 살펴보면서 많은 공부가 되었다. 이 자료들이 소스를 알고자 하는 분들에게 보탬이 되었으면 한다.

요즘은 많은 사람이 건강한 먹거리에 대한 관심이 높다. 자연식이다, 저칼로 리식이다 하면서 자연에 가까운 요리를 먹기를 원한다. 자연에 가장 가까운 먹거리라면 단연 사찰음식이 최고이다. 사찰음식을 조사하면서 그 생각이 더욱 굳혀졌다. 주어진 환경과 여건에 따라 같은 먹거리가 이렇게 많은 변화와 창조가 일어날 수 있음을 보며 감동하였다. 가난한 밥상을 주장하는 산사의 먹거리는 오히려 풍요한 현대를 살아가는 우리에게 꼭 필요한 밥상이 되었으며 배워야 할 비법들이다. 풍요 속에 병들어가는 현대인들에게 꼭 권하고 싶은 산사의 먹거리들을 소개하였다.

이 책이 완성되기까지 적극 협조해 주신 스님들, 끝까지 격려해 준 가족들에게 감사의 마음을 전하고 싶다.

저자 이은정

소스의 비밀을 공개하면서

소스의 비밀을 공개한다는 것은, 일반인들이 생각할 때는 별것 아닐 수도 있지만 조리사들 입장에서는 자신의 소중한 일부를 내놓는 것과도 같다. 요리사들이 자신만의 비법으로 아껴두고 싶어하는 것이 사실이다. 요컨대 소스는 요리의 시작과 끝이라고 생각하는 요리사들이 대부분일 것이다. 요리사들은 언제나 소스의 비밀을 터득하기 위해서 많은 노력을 하고 터득한 비밀은 자기만의 노하우(know-how)와 노와이(know-why)로 축적한다. 오랫동안 주방 안에서 구전으로, 또는 책마다 간간이 소개한 것을 알리는 것 자체가 주방의 천기를 누설하는 셈이다.

하지만 나의 생각은 다르다. 요리의 진정한 발전을 위해서는 오히려 많은 지식을 서로 공유해야 한다고 믿는다. 요리가 발전하려면 조리사, 미식가(고객), 식당운영자 모두가 노력해야 한다.

특히 조리사는 요리를 어떻게 하면 맛있게 만들 수 있을까를 고민해야 하고, 많은 노력을 해야 한다.

어느 식당주인은 주방의 냉장고를 안 열어본다고 한다. 대개의 주인은 매출 때문에 주방을 간섭하여 조리사가 창의적인 요리를 하는 데 방해가 되곤 한다. 조리사의 능력을 마음껏 펼칠 수 있게 뒷받침해 줄 수 있는 열린 마음을 가진 주인이라야 식당업으로 성공할 수 있을 것이다. 이번에 발간되는 소스의 비밀은 영남외식연구소와 에스코피에요리연구소, 영남대학교 외식산업학과가 함께 개설한 소스 아카데미 과정에서 유명 소스 전문가들을 모시고 강의한 내용 중 향후 소스 전문가들에게 도움이 될 수 있는 소스만을 선정하여 책자로 만든 것이다.

이 책에 소개되는 소스의 비밀은 많은 전문가들이 현장에서 연구와 검증을 거쳐 만들어 낸 것들이다. 소스의 비밀은 조리원리를 기초로 하고 있고, 그동안의 조리사들의 경험과 실패담이 어우러져 있는 것이라고 생각한다. 아무쪼록 이 책의 내용은 참고만 하고, 수없이 많은 실습을 통해 손끝의 맛을 만들어야 한다. 소스는 자기만의 경험을 통해 자신만의 실력을 가지게 된다고 보면 되기 때문에 끊임없는 노력의 결실이 소스의 비밀이지, 한두 가지씩 재료를 넣고 뺀 것이 소스의 비밀이라고는 할 수 없기 때문이다.

마지막으로 소스의 노하우를 공개해 준 소스 전문가들에게 깊은 감사를 드린다. 한식에 최덕주 교수님, 신미혜 교수님, 이옥덕님, 유명곤님, 이보순님, 정진석님, 정윤채님, 중식에 이면희님, 백영태님, 일식에 송청락 교수님, 김현륭님, 양식에 조우현님, 이재현님, 조용범 교수님, 이강춘 교수님과 영남외식연구소의 임현철 소장님께 감사드린다. 그 외에도 미흡함을 감싸 주신 소스 아카데미 졸업생들의 도움에 진심으로 감사드리며 이 책을 기초로 많은 사람들이 소스를 연구하고 응용하여 소스업계의 발전에 도움을 줄 수 있는 서적으로 남길 바란다.

저자 최수근

차례

1장_ 한식 소스의 비밀

2장_ 양식 소스의 비밀

3장_ 채소요리 소스의 비밀

4장_ 유명식당 사장님들이 직접 개발한 10가지 소스

5장_ 중식 퓨전 소스의 비밀

6장_ 일식 소스의 비밀

7장_ 유명 소스 탄생의 비밀

1 한식 소스의 비밀

한식 소스의 **비밀**은 몇 번에 걸쳐 소개도 될 만큼 **다양**하다. 이 모든 **소스의 비밀**은 **경험**에 의하여 생긴 것들이지만 실제로 만들어 보면 잘 안될 수 있다. 이유는 이 모든 것이 **실력이 뒷받침**되어야 하기 때문이다. 즉 많은 경험을 통하여 **손끝의 맛**이 우러나야 **성공**하는 것이다.

한식 소스의 비밀

한식은 소스가 없는 대신 양념이 있다. 양념은 주 요리와 같이 버무려서 사용한다. 한식이 세계적인 요리가 되려면 요리에 곁들여지는 양념을 소스의 개념으로 외국인에게 소개해야 한다. 이러한 고정관념을 가지고 외국인에게 우리의 음식을 이해시키는 것은 많은 시간이 소요된다. 외국에서도 우리와 비슷한 조리법과 소스가 있기도 하다. 예를 들어, 고기와 채소, 향신료를 섞어 와인에 하루 정도 절여서 고기는 꺼내어 굽고, 나머지는 끓여서 걸러 고기에 곁들이는 후춧가루 소스도 있다. 그러나 이것은 특별한 요리에 속하며, 그 외의 소스는 분리되어 만들어진다.

우리의 소스 역시 주 재료별로 구분하여 소개할 필요가 있다. 간장, 고추장, 된장, 식초, 젓갈을 주 재료로 한 다음, 주 재료에 곁들여지는 것을 소개하고, 주 요리에 곁들여지는 것으로 구성해야 한다. 예를 들어, 갈비찜 소스는 간장 120㎖에 설탕, 파, 마늘, 참기름, 배즙을 첨가해서 만드는 것으로, 그 방법을 소개하면 외국인들이 잘 이해할 것이다. 한식에서 쓰는 양념에 대한 비밀은 너무도 많다. 몇 가지 소개한다면, 양념간장에는 고추를 나중에 넣어야 하고, 갈비구이 소스는 물 대신 사이다, 콜라를 첨가하는데, 이것은 고기의 비린 향(Oil Flavor)을 제거하기 위한 것이다. 파인애플, 배즙은 고기의 향과 고기를 연하게 하기 위한 방법이다. 한식에서 식초를 넣는 것은 사과즙으로 대체하기도 한다. 사과를 넣으면 요리의 색과 향 등이 좋아진다. 한식에서 설탕대신 꿀을 사용할 경우, 꿀의 양을 줄이는 것이 좋다. 그리고 멸치볶음에는 꿀 대신 꼭 설탕을 넣어야 한다. 그렇게 하면 반짝반짝 윤기가 나고 모양이 유지되기 때문이다. 고추장 소스는 고추장을 1/2로 줄이고 곱게 간 고춧가루를 섞어 주는 것이 좋다. 김치를 담글 때도 고춧가루를 액체육젓에 담가서 충분히 젓갈을 머금게 한 다음, 다른 재료를 섞는다. 이외에도 한식에는 무궁무진한 소스의 비법들이 있다. 멸치를 볶을 때도 물에 씻으면 비린내가 나지만, 체에 담아 불순물을 제거하고 냄비에 마늘과 청주를 넣고 볶다가 멸치를 넣으면 비린내가 제거된다. 특히 비린내 나는 생선은 전유어로 조리하고, 흰살 생선은 소금구이가 좋으며, 붉은살 생선은 양념구이가 좋다.

신선로 국물은 고기육수와 조개 국물을 합쳐야 제맛이 난다는 사람도 있지만 지방마다 신선로 국물은 다르다. 경주에는 유명한 음식점이 많다. 먼저 요석궁이라는 식당이 있는데, 이 집 신선로에는 양지머리로 만든 걸쭉한 육수가 사용되고 있다. 그 외에도 해물전골에는 모시조개 국물이 최고인데, 어떤 집에서는 바지락 국물과 잡뼈 국물을 섞어 쓰고 있다. 그리고 해물탕을 잘하는 식당이 있는데, 이 집은 생굴 국물과 사골 국물을 섞어 써서 맛이 시원하고 깊은 맛이 오래간다.

나는 해물요리를 할 때 홍합에 셀러리, 당근, 양파, 레몬, 붉은 고추를 넣고 국물을 내서 사용한 적이 많다. 값도 싸고 만들기 수월하여 자주 만들었는데, 주의할 점은 소금을 넣을 때 너무 짜게 되지 않도록 조심해야 한다는 것이다.

한식 소스는 향신료를 사용함으로써 요리의 맛을 좋게 하는 비결이 많다. 예를 들어, 추어탕에 후춧가루, 산초가루, 방아잎 등을 넣는 것은 우리 조상들이 오랫동안 이용하던 방법이다. 내가 일본 식당에 가면 우동을 먹을 때 꼭 넣어 먹는 7가지 맛이 나는 시치미(七味)가 있다. 이것을 볼 때마다 우리나라 음식에도 이와 비슷한 향신료를 찌개나 국에 넣어 먹으면 어떨까 생각한다. 예를 들어, 깨, 고춧가루 등을 넣은 제품을 만들어 판매하면 좋겠다고 생각한다.

고기의 누린내를 없애려면 계피를 넣거나 치자의 양을 적게 쓰며, 돼지고기의 경우 생강, 정향, 팔각, 마늘, 파를 넣음으로써 맛도 좋게 하고 누린내도 제거하는 지혜를 발휘한다. 전에 학생들과 함께 제주도에 졸업여행을 다녀온 적이 있다. 그 당시 신라호텔에 있던 신충진 부장에게 음식점 두 곳을 소개받았는데, 한 집은 돼지고기 구이집이고, 한 집은 제주도 한정식 집이었다. 어떤 폭포 근처로 기억하는데, 돼지갈비를 된장에 묻어놓았다가 판매하는 것이 인상깊었다.

한식 소스의 비밀은 몇 번에 걸쳐 소개해도 될 만큼 다양하다. 이 모든 소스의 비밀은 경험에 의하여 생긴 것들이지만 실제로 만들어 보면 잘 안 될 수 있다. 이유는 이 모든 것이 실력이 뒷받침되어야 하기 때문이다. 즉 많은 경험을 통하여 손끝의 맛이 우러나야 성공하는 것이다. 답만을 사용하면 시험을 볼 때 커닝과 같은 것이니 실력을 가지고 커닝해야 자기 것이 된다는 의미와 같을 것이다.

서양에서는 소스의 맛이 그 식당의 얼굴이라고 한다. 우리도 이제 한식당에서도 좋은 소스를 만들어 소스를 기억하는 고객을 만들어야 한다. 음식 특허뿐 아니라 소스 특허가 있는 요리를 만들어 식당을 운영할 필요가 있다. 일본에는 요즘 창작요리 전문점이 많다. 우리나라에서도 창작요리와 같이 소스의 특허번호가 기입된 광고문안을 보고 싶다.

다음 소개하는 소스는 남해대학의 최덕주 교수님, 유명곤 이사님, 정진섭님, 임채서님, 이옥덕님, 박석규님, 정윤채님, 신미혜 교수님 등이 소스 아카데미에서 강의하신 내용 중 일부인데, 이 소스들은 식당 또는 호텔 등에서 인기가 있었고 매출에도 많은 기여를 한 것들이다. 이러한 소스를 공개하는 것은 소스 하나가 식당의 트레이드 마크가 될 수 있다는 사실을 알리고자 하는 것이다. 유명 소스는 과연 어떤 점이 다른가를 독자들이나 향후 식당 창업자, 현재 경영하고 있는 사람들에게 소개하여 이것을 기초로 더 나은 소스를 개발하여 식당을 유명하게 하고 부자가 되기를 진심으로 바라면서 소스 레시피를 수록함을 밝힌다.

01 불고기 소스 비법

1. 전통 불고기 소스

■ 재료

후춧가루 / 1g
참기름 / 20㎖
양파 / 4g
배 / 20g
간장 / 30㎖
참깨 / 2g
청주 / 4㎖
마늘 / 14g
흑설탕 / 30g
물 / 1ℓ

■ 만드는 법

1. 신선한 쇠목살을 5mm로 썰어 놓는다.
2. 배, 양파를 갈아서 규정된 물, 청주, 간장, 후춧가루, 마늘, 깨소금, 참기름, 흑설탕과 함께 잘 섞는다.
3. 준비된 양념에 썰어 놓은 쇠목살을 0℃에서 약 3시간 정도 재운 후 먹으면 불고기의 제맛을 즐길 수 있다.

2. 진간장 불고기 소스

■ 재료

흑후춧가루 / 5g
황설탕 / 10g
물엿 / 10g
다진 대파 / 40g
간 마늘 / 40g
다진 양파 / 40g
참기름 / 40㎖
맛술 / 100㎖
진간장 / 100㎖

■ 만드는 법

1. 넓게 썬 불고기를 다시 적당히 썰어 맛술을 고기 양의 1/6 분량으로 넣고 고루 섞은 후 핏물을 빼 준다(맛술의 향과 연화작용으로 부드러움을 더하여 준다).
2. 마늘은 갈아 주고 양파와 대파는 칼로 직접 다진다.
3. 양념을 고기 양의 1/7 정도 넣고 고루 섞어 준다. 둥글고 얇게 치대거나 4각형으로 성형하여 비닐을 깔고 한 켜 한 켜 보관하여 냉동시킨 후 사용한다.
4. 구울 때는 양념의 일부를 촉촉이 발라 주며 굽는다.
5. 손님에게 제공할 때는 참기름을 살짝 발라 준다.

3. 굴소스를 넣은 불고기 소스

■ 재료

청주 / 1ℓ
간장 / 1ℓ
흑설탕 / 1ℓ
물 / 1ℓ
데미그라스 소스 / 500㎖
굴소스 / 250㎖

■ 만드는 법

모든 재료를 넣고 끓여 1/2로 졸여 사용한다.

4. 전골식 불고기 소스

■ 재료

진간장 / 600㎖

물 / 2,400㎖

배즙 / 300㎖

양파즙 / 300㎖

사과즙 / 100㎖

다진 마늘 / 20g

깨소금 / 15g

맛술 / 200㎖

흑후춧가루 / 약간

백후춧가루 / 약간

참기름 / 100㎖

흑설탕 / 40g

실파, 대파 썬 것 / 약간

● 설탕 : 물엿 : 조청=1 : 1 : 1 비율로 1컵 조금 모자라게 준비

■ 만드는 법

1. 진간장과 물을 넣는다(물 : 간장=4 : 1 비율이다).
2. 물은 채소 육수로 물에 과일껍질, 무 조각, 채소 자투리 등을 모두 넣어 끓인 것이다.
3. 설탕, 물엿, 조청을 각각 한컵 조금 모자라게 넣어 잘 녹인다.
4. 「1」에서 남겨 놓은 물을 마저 넣고 계속 저어 주면서 녹인다.
5. 배즙, 양파즙, 사과즙을 섞는다.
6. 잘 섞어 준 다음에 다진 마늘과 맛술을 넣는다.
7. 흑후춧가루와 백후춧가루를 반반씩 넣어 잘 섞는다.
8. 깨소금을 완전히 빻아서 넣고 참기름 100㎖를 넣는다.
9. 흑설탕을 넣고 잘 섞어서 먹기 바로 직전에 실파, 대파 썬 것을 첨가하여 고기와 버무린다. 그리고 바로 조리해서 먹는 것이 좋고 보관을 할 때도 냉장고에서 3시간을 넘기지 않는 것이 좋다.

● 재료의 용량 표기를 컵으로 한 이유는 처음 제조시 컵으로 만들었기 때문이다.

소스 달인의 비밀노트

· 소주는 향이 있어 요리에 이용하지 않는 것이 좋다.

· 업소에서 대량으로 할 때는 간장과 설탕의 양을 표준보다 조금 줄이는 것이 좋다.

5. 만능 고추장 불고기 소스

(오삼불고기, 주꾸미, 돼지고기, 오리고기)

■ 재료

고추장 / 1,530g

고운 고춧가루 / 440g

굵은 고춧가루 / 390g

배즙 / 400㎖

키위, 파인애플 / 200㎖

다진 마늘 / 155g

후춧가루 / 약간

와인 / 약간

참기름 / 약간

깨소금 / 약간

물엿 / 1,110g

조청 / 565g

양파즙 / 400㎖

사과즙 / 400㎖

다진 생강 / 65g

맛술 / 200㎖

다진 청양고추 / 약간

조미료 / 약간

간장 또는 소금 / 약간

■ 만드는 법

1. 고추장에 물엿과 조청을 넣어 거품기로 잘 저어 섞는다.
2. 잘 섞은 다음 고춧가루를 고운 것과 굵은 것으로 나누어 각각 4컵씩 8컵을 넣고 다시 잘 저어 준다.
3. 양파즙, 배즙, 사과즙, 키위, 파인애플즙 등을 넣어 잘 섞는다.
4. 다진 마늘, 다진 생강, 후춧가루 조금을 첨가한다.
5. 맛술과 와인 약간, 청양고추는 씨를 제거한 후에 다진 것을 조금 넣는다.
6. 참기름, 조미료, 깨소금을 넣고 간장이나 소금으로 간을 맞춘다.
7. 맛을 보고 설탕을 더 첨가할 수도 있다.
8. 실파는 다져서 버무리기 바로 직전에 넣는다.
9. 다진 양념에 오징어, 고기를 따로따로 6시간 재운다.

소스 달인의 비밀노트

· 채소는 먹기 직전에 따로 버무려 같이 섞는다.

· 다진 양념은 냉장고에 3일 정도 숙성시킨 후 사용하면 더욱 맛이 좋다.

02 갈비 소스 비법

1. 불갈비 소스

■ 재료

간장 / 250㎖
물 / 1,500㎖
배즙 / 200㎖
다진 마늘 / 50g
참기름 / 40㎖
청주 / 70㎖
후춧가루 / 약간
물엿 / 250g
설탕 / 80g
양파즙 / 160㎖
다진 파 / 40g
깨소금 / 30g
생강즙 / 10㎖

■ 만드는 법

간장, 물엿, 설탕을 같이 끓여 3일간 식힌 후 나머지 재료를 섞어서 고기를 하루 재운 후 사용한다.

• 호텔에서 주로 사용하는 소스로 일본인들이 좋아하는 맛을 가지고 있다.

2. 수원식 간장 왕갈비 소스

■ 재료

후춧가루 / 2.5g
다진 대파 / 30g
설탕 / 75g
진간장 / 100㎖
통깨 / 5g
간 마늘 / 70g
참기름 / 80㎖

■ 만드는 법

갈비 30kg을 손질하면 9~10cm 왕갈비 60대가 나온다(크기가 왕이다).

1. 진간장을 기준으로 모든 재료를 비율대로 섞는다.
2. 손질한 갈비는 5~6시간 냉장고에 보관하여 핏물을 제거한다.
3. 갈비 한 대 한 대를 편 후에 양념을 고루 칠하듯이 발라 준다.

소스 달인의 비밀노트

- 이 소스는 갈비를 재우지 않기 때문에 생 소스라고 한다.
- 그릴(번칠) 또는 프라이팬에 구워도 물이 거의 없으므로 색이 구운 것 같이 잘 나며 양념과 고기즙의 유실이 없어 맛이 담백하다. 또한 보관하여도 변질되거나 검게 변하지 않는다.

3. 물양념 갈비 소스

■ 재료

캐러멜 / 약간(색을 내는 정도)	양파 / 2.5g
참기름 / 30㎖	물엿 / 40g
배즙 / 100㎖	사과 / 100g
간 마늘 / 120g	설탕 / 250g
간장 / 250㎖	물 / 100㎖

■ 만드는 법

배를 갈아서 자루에 넣고 꼭 짜내어 국물만 이용한다.

소스 달인의 비밀노트

- 배즙이 많이 들어간 것과 사과를 넣는 것이 특색이다. 배 물을 짜고 남은 찌꺼기는 동치미 국물을 만들 때 자루에 넣어 이용하면 좋다.
- 요즘은 설탕 대신 과일을 가지고 맛을 낸다.
- 파인애플을 과다 사용하면 다른 양념 맛이 약해진다.

4. 한방 물양념 갈비 소스

■ 재료

생강 / 5g
간장 / 140㎖
후춧가루 / 5g
간 마늘 / 50g
통깨 / 약간
황설탕 / 100g
물 / 100㎖
참기름 / 50㎖
청주 / 50㎖
한방재료 / 각각 5g

- 한방재료 : 천궁, 계피, 녹차, 당귀, 감초, 생지황, 녹각, 약쑥, 건미삼, 대추를 준비한다.

■ 만드는 법

1. 설탕, 간장, 물을 정확한 비율로 넣은 후 끓인다.
2. 생강은 썰어 넣고 한방재료 모두를 집어 넣는다.
3. 약 3시간 끓여 주고 수시로 최초의 물의 양을 넣어서 줄어드는 것을 방지한다.
4. 체에 걸러 주고 식힌 후 갈비를 재워 둔다.
5. 한방재료 : 천궁, 계피, 녹차, 당귀, 감초, 생지황, 녹각, 약쑥, 건미삼, 대추를 각각 5g 내외 정도 넣어 준다.

소스 달인의 비밀노트

· 천궁, 계피, 녹차, 당귀, 황귀, 감초, 생지황, 녹각, 약쑥, 건미삼, 대추, 생강을 각각 10g씩 정량을 달아서 간장 : 물 : 설탕(1 : 7 : 0.5)을 넣어서 센 불에서 한 번 끓이고 그 다음 아주 약한 불에서 2시간 정도 끓여 식힌 후 2차 양념 재료인 청주, 마늘, 참기름, 후춧가루, 조미료(미원), 참깨를 함께 넣어서 양념하고 갈비를 넣어서 하루 보관한다.
· 한약 냄새를 싫어하는 사람도 있으므로 주의하고 내국인 대상으로 사용하는 것이 좋다.

Secret of Sauce

03 갈비찜 소스 비법

1. 정통 갈비찜 소스 I

■ 재료

손질한 갈비 / 5kg
맛술/ 500㎖
청주 / 60㎖
후춧가루 / 약간
조미료 / 4g
달걀 지단 / 약간
실고추 / 약간
진간장 / 750㎖
참기름 / 60㎖
설탕 / 25g
다진 마늘 / 45g
잘게 다진 대파 / 165g
대추 채 썬 것 / 약간

■ 만드는 법

1. 손질한 갈비를 찬물에 잘박하게 붓고 한소끔 끓으면 불을 끄고 찬물로 고기와 냄비를 깨끗이 씻는다.
2. 다시 냄비에 갈비를 넣고 갈비의 70% 정도의 물을 붓고 진간장과 맛술, 참기름, 청주, 설탕, 다진 마늘, 조미료, 잘게 다진 대파를 분량대로 넣고 후춧가루를 윗부분에 살짝 덮일 정도로 넣어 뚜껑을 사용하지 말고 비닐랩을 여러 겹 씌워서 완전 밀봉한다.
3. 가열을 하여 어느 정도 지나면 랩이 부풀어오르기 시작한다. 랩이 부푼 제일 가운데를 뾰족한 칼 끝으로 구멍을 뚫어 준다.
4. 랩이 부풀면 불을 약하게 낮추어서 1시간 10분 정도 더 끓인다.
5. 구멍으로 한 개를 꺼내어 확인하는데, 뼈가 빠질 듯 말 듯할 정도가 되면 불을 끈다.
6. 다 익고 나면 상온에서 식혀서 위에 굳은 기름을 제거한 다음 고명을 올리고 완성한다.

소스 달인의 비밀노트

갈비요리는 핏물 빼기가 중요하다.

- 수돗물을 약하게 틀어 놓고 약 15시간 정도 갈비를 담가서 물을 흘려 보낸다.
- 냄비에 찬물을 받아서 다시 갈비를 담고 센 불에서 끓여 건져 낸다.
- 찬물로 고기와 냄비를 깨끗이 씻고 기름 부분을 제거한다.
- 다시 고기 양의 70% 정도의 찬물을 붓고 양념을 해서 끓인다.

2. 호텔식 갈비찜 소스Ⅱ

■ 재료

갈비 / 2.5kg
진간장 / 500㎖
사과즙 / 조금
다진 마늘 / 20g
깨소금 / 10g
흑설탕 / 165g
물엿 / 280g
무 / 1,700g
당근, 건고추 / 290g, 10g
물녹말 / 약간
은행 / 약간
달걀 지단 / 약간
물 / 1ℓ
양파 간 것 / 200㎖
배즙 / 200㎖
다진 생강 / 5g
맛술 / 200㎖
백설탕 / 55g
후춧가루 / 2g
건표고 / 6g
밤 / 약간
참기름 / 약간

■ 만드는 법

1. 갈비는 흐르는 물에 핏물을 제거하고 끓는 물에 데친다(칼집이 1/3지점까지 들어가게 미리 손질해 둔다. 기름 부분도 떼어 낸다).
2. 「*1*」을 흐르는 물에 헹궈 준 다음 기름을 제거한다.
3. 물 1ℓ에 진간장 500㎖, 양파 간 것, 사과즙, 배즙, 다진 마늘, 다진 생강, 깨소금, 맛술, 흑설탕, 백설탕, 물엿, 후춧가루를 넣어 잘 저어 섞어 준다.
4. 무, 당근을 모양 내어 썰어 소금물에 살짝 데쳐 찬물에 헹궈 준 다음 위의 소스를 넣고 밤과 같이 졸여 준다.
5. 갈비를 「*3*」의 소스에 2시간 재워 둔다(바로 부어 익혀도 됨).

6. 갈비를 1시간 정도 익힌 다음 무(모양을 내고 남은 자투리), 양파 1/2개를 크게 토막낸 것, 건고추 2개, 건표고 2개, 물을 더 넣어서 다시 1시간 정도 익힌다.
7. 1시간 정도 더 익힌 다음 돌솥에 갈비를 먼저 건져 넣고 채소 재워 둔 것을 넣는다. 이때 표고 익은 것을 꺼내어 예쁘게 썰어서 위에 얹는다.
8. 「6」의 국물만 따로 떠서 물녹말을 조금 넣어 한소끔 끓인 다음 고기와 채소 위에 끼얹어 준다.
9. 돌솥을 불에 올려 다시 한소끔 끓인다.
10. 끓으면 은행 몇 개를 넣고 다시 끓인 다음 참기름을 살짝 두르고 불을 끈다.
11. 달걀 지단을 모양 내어 썰어서 고명으로 몇 개 얹어 낸다.

04 냉면 소스 비법

1. 유명식당 비빔냉면 소스

■ 재료

육수 / 1ℓ
백설탕 / 400g
양파 / 1개(80g)
소주 / 200㎖
후춧가루 / 40g
다진 마늘 / 200g
식초 / 200㎖
오이 간 것 / 285g
황설탕 / 400g
배 / 1개(200g)
다진 파 / 300g
국간장 / 600g
생강즙 / 75㎖
고춧가루 / 1kg
사이다 / 200㎖

■ 만드는 법

분량의 소스를 섞어 냉장고에 4~5일 정도 숙성 후 먹기 직전에 오이를 갈아 섞어 주면 상큼한 맛이 좋다.

소스 달인의 비밀노트

· 위의 재료를 모두 섞어 믹서에 갈아서 보관한다.
· 빙초산이 없으면 식초를 1컵 넣으면 된다.
· 양념을 숙성시키지 않으면 소스가 묽어서 사용이 불편하다.
· 양념을 숙성시키면 적당하지만 오이와 식초로 농도와 맛을 조절한다.
· 소스 만들 때는 4인분을 기준량 목표로 한다. 그러나 100인분을 만든다고 무조건 4인 기준량 목표를 곱해서 계량을 하면 안 된다.

2. 홍어회냉면 소스

■ 재료

냉면 / 150g
홍어 / 1/4마리
빙초산 / 50g(식초는 3배 이용)
설탕 / 50g

■ 양념장 재료

고춧가루 / 30g
고추장 / 15g
설탕 / 15g
진간장 / 5㎖
참기름 / 5㎖
깨소금 / 5g
다진 파 / 5g
다진 마늘 / 3g
오이 / 50g
무 / 50g
배 / 30g

■ 만드는 법

1. 홍어를 손질하여 결 반대로 1.5×5cm 간격으로 썬 후, 식초, 설탕으로 2시간 정도 재워 둔다.
2. 홍어를 건져서 물기를 짜낸다.
3. 무와 오이를 채 썰어서 소금에 살짝 절인다.
4. 나머지 양념장으로 배합을 한다.
5. 홍어와 무, 오이, 배를 양념장으로 버무린다.
6. 삶은 면을 그릇에 담고 버무린 홍어와 함께 얹어 낸다.

소스 달인의 비밀노트

- 소스는 10배의 양으로 만들어 병에 담아 필요할 때 조금씩 꺼내 쓰면 원가절약에 도움이 많이 된다.
- 홍어 소스를 만들어 따로 숙성시키지 말고 홍어와 같이 섞어 보관하여 사용하는 것이 좋다.

3. 과일쟁반국수 소스

■ 재료

메밀국수 / 300g
자두 / 100g
포도 / 100g
레몬즙 / 약간
설탕 / 10g
배즙 / 15㎖
고춧가루 / 2g
참기름 / 2㎖
키위 / 200g
배 / 185g
수박 / 200g
간장 / 30㎖
식초 / 15㎖
다진 파 / 2g
다진 마늘 / 4g
깨소금 / 2g

■ 만드는 법

1. 키위는 껍질을 벗겨 한입 크기로 둥글게 썬다. 포도는 깨끗이 씻어 알알이 떼어 낸 후 2등분한다. 자두는 깨끗이 씻어 8등분한다. 수박은 한입 크기로 썬다.
2. 배는 껍질을 벗겨 한 입 크기로 썬 다음 레몬즙을 뿌려 둔다.
3. 끓는 물에 메밀국수를 삶아 건진 다음 분량의 재료를 합하여 소스를 만든다.
4. 그릇에 메밀국수 사리를 담고 키위, 포도, 배, 수박, 자두 등 준비한 과일을 돌려 담아 소스를 뿌려 내거나 곁들여 낸다.

소스 달인의 비밀노트

· 과일의 종류는 바꾸어도 무방하다.
· 파인애플은 다른 양념맛을 없애므로 적은 양만 사용해야 한다.
· 키위와 오이가 들어가면 맛이 상큼해진다.
· 레몬즙이 많이 들어가면 쓴맛이 난다.
· 식초가 들어가는 소스에는 절대로 조미료를 사용하면 안 된다.

4. 쟁반국수 소스

■ 재료

메밀국수 / 400g
닭가슴살 / 200g
무 / 200g
당근 / 70g
배 / 85g
오이 / 140g
적채 / 400g
상추 / 60g
붉은 고추 / 30g
소금 / 약간

■ 소스 재료

고춧가루 / 15g
간장 / 90㎖
설탕 / 50g
식초 / 45㎖
참기름 / 60㎖
깨소금 / 5g
양파즙 / 15㎖
다진 마늘 / 5g
겨자 / 3g
육수 / 75㎖

■ 만드는 법

1. 메밀국수는 끓는 소금물에 잘 삶은 뒤 찬물에 헹구어 물기를 뺀다.
2. 닭가슴살은 끓는 물에 삶아 찢어 놓는다.
3. 오이, 당근, 배, 적채, 상추, 붉은 고추는 6cm 길이로 썬다.
4. 무는 가로 1.5cm, 세로 6cm로 썰어 단촛물에 담근다.
5. 접시에 돌려 담고 국수를 또아리 틀어서 올린 다음 양념장을 만들어 낸다.

소스 달인의 비밀노트

· 소스를 만들어 냉장고에서 숙성시켜 사용해야 한다.
· 메밀국수, 닭가슴살과 채소 등은 여러 가지로 변형해도 된다.
· 모든 소스는 주르르 흘러야 한다.
· 육수가 깊은 맛을 내는 것보다는 동치미 국물처럼 새콤달콤해야 개운한 맛이 난다.
· 쟁반국수에 곁들이는 재료는 다양할수록 좋다.

5. 호텔식 비빔냉면 양념 소스

■ 재료

배 / 740g
건고추 불려서 간 것 / 700g
진간장 / 600㎖
식초 / 100㎖
꿀 / 250g
생강즙 / 50g
참기름 / 100㎖
사골+양지 육수 / 500㎖
양파 / 475g
고운 고춧가루 / 150g
다진 마늘 / 150g
후춧가루 / 20g
설탕 / 400g
깨소금 / 50g
쇠고기 간 것 / 500g
물엿 / 약간

■ 만드는 법

1. 배, 양파, 마늘을 믹서에 곱게 간다. 이것은 숙성되면 될수록 좋다.
2. 건고추를 15~20℃ 물에 10분간 불려서 곱게 간다.
3. 오목팬에 기름을 두르고 달구어 놓는다.
4. 다진 마늘과 양파를 먼저 볶는다.
5. 대파를 잘게 다져서 「4」에 넣고 계속 볶는다.
6. 간 쇠고기를 「5」에 첨가하고 후춧가루를 넣고 계속 볶는다.
7. 다른 그릇에 불린 고추 간 것과 고운 고춧가루를 섞어 놓는다.
8. 「7」에 깨소금, 배, 양파, 마늘 다진 것, 식초, 생강즙, 물엿, 꿀, 진간장, 참기름을 넣고 잘 저어 준다.
9. 「8」에 「6」의 재료를 넣고 잘 섞는다.
10. 「9」를 상온에서 3~4일 정도 숙성을 시켜서 사용한다.

05 유명식당 인기 소스 제조 비법 24가지

1. 주물럭 구이

■ 재료

생강 / 25g
맛술 / 20㎖
청주 / 50㎖
간장 / 200㎖
참기름 / 100㎖
간 마늘 / 50g
후춧가루 / 약간
레몬즙 / 10㎖
사과 / 30g
설탕 / 30g
물 / 1ℓ
땅콩가루 / 50g
조미료 / 약간

■ 만드는 법

끓여서 무치는 방법

1. 위의 재료를 약 1시간 정도 은근히 끓인다.
2. 체에 걸러 식혀서 냉장고에 보관한다.
3. 판매할 때 1인분(200g)에 1~2수저 넣고 2차 양념(참기름, 조미료, 간 마늘, 땅콩가루, 후춧가루)을 약간씩 넣고 주물러서 제공한다.

소스 달인의 비밀노트

· 평범한 양념법이다. 주물럭은 위 양념법과 같이 물양념으로 하는 방법도 있지만 직접 양념법으로 양념하는 것이 좋으며, 레몬보다는 파인애플즙을 넣는 것이 좋고 볶은 콩가루를 넣어 주면 더욱 좋다.

2. 삼겹살 된장구이 소스

■ 재료

삼겹살 / 200g
양파 / 40g
브로콜리 / 30g
새송이 / 100g

■ 된장 소스 재료

육수 / 90ml
재래식 된장 / 30g
청주 / 12ml
맛술 / 12ml
설탕 / 6g
물엿 / 6g
고운 고춧가루 / 3g
배즙 / 27g
양파즙 / 7g
사과즙 / 7g
마늘 / 약간
생강즙 / 약간

■ 만드는 법

1. 삼겹살은 0.7cm 두께로 썰어 두고 양파는 0.7cm 링으로 썰어 둔다. 새송이는 1/2로 자르고, 브로콜리는 소금물에 데쳐서 버터에 볶는다.
2. 「*1*」에서 준비해 둔 양파와 새송이는 굽는다.
3. 소스 만들기 : 육수는 쇠고기 육수를 사용하며 배, 양파, 사과는 믹서에 갈아서 즙으로 준비한 다음 위의 재료를 모두 혼합한다.
4. 준비된 소스에 삼겹살을 넣고 8시간 재워 둔 다음 구워 그릇에 보기 좋게 썰어서 담고 양파 링과 새송이 브로콜리를 접시에 올려 낸다.

3. 한정식 떡갈비 양념 소스

■ 재료

한우갈비 / 13kg
우둔심 / 7kg
배 / 600g
양파 / 400g
쪽파 / 300g
고운 소금 / 300g
꿀 / 1200ml
참기름 / 900g
참깨가루 / 420g
다진 마늘 / 800g
다진 생강 / 150g
조미료 / 50g
후춧가루 / 80g
소주(청하) / 100ml
은행 / 40g

■ 만드는 법

1. 갈비는 뼈만 추려 내고 갈비살은 기름과 힘줄을 제거한다.
2. 우등심은 물기 없이 차진 것으로 준비하고 기름과 힘줄을 손질한 후 채로 썰어 갈비와 함께 다진다.
3. 배, 양파, 쪽파는 곱게 다져 소창(거즈)에 꼭 짜서 물기를 제거한 후 양념과 함께 다진 고기에 넣어 끈기가 있을 때까지 손으로 잘 치대서 차지게 만든다.
4. 갈비뼈를 4cm로 자르고 두께를 반으로 갈라 찹쌀가루를 묻혀 고기 안에 넣고, 다진 고기는 직사각형으로 만들어 호일로 싼 후 냉동시킨다.
5. 판매할 때는 하루 전에 냉장실로 옮겨 보관한다.
6. 주문 시 고기에 칼집을 넣어 그릴에 앞뒤로 돌려가며 굽는다.
7. 미리 달군 철판에 「6」을 얹고 고명으로 잣가루와 채 썬 지단을 놓는다.

• 소주는 청하를 사용하는 것이 좋다.

4. 멧돼지 제육볶음 소스

■ 재료

멧돼지 / 600g
대파 / 60g
청주 / 60㎖
생강즙 / 5㎖
굵은 고춧가루 / 20g
물엿 / 20g
참기름 / 45㎖
후춧가루 / 약간
표고 / 5g
양파 / 100g
고추장 / 75g
마늘 / 20g
깨소금 / 10g
간장 / 45㎖
매실청 / 45㎖
식용유 / 약간
물 / 4Ts

■ 만드는 법

1. 삼겹살을 3mm로 얇게 썰어 놓는다.
2. 양파는 1cm 두께로 굵게 채 썬다. 표고도 같은 모양으로 썬다.
3. 대파는 5cm 길이로 썬다.
4. 모든 양념으로 소스를 만들어 「1」에 부어 무친다.
5. 팬에 식용유를 두르고 「4」를 볶으면서 나머지 채소를 넣어 볶아낸다.

5. 등심구이와 채소볶음 소스

■ 재료

쇠고기 등심(불고기감) / 300g
양파 / 40g
대파 / 10g
식용유 / 적당량

■ 소스 재료

진간장 / 90㎖
쇠고기육수 / 190㎖
설탕 / 45g
참기름 / 약간
청주 / 약간
맛술 / 약간
간 마늘 / 약간
볶은 깨 / 약간
실파 / 15g
후춧가루 / 약간

■ 만드는 법

1. 불고기 채 썰기 – 기름기가 있는 연한 등심을 0.3cm 두께로 얇게 저며 썬다.
2. 채소 손질하기 – 양파는 껍질을 벗겨 채로 준비하고 대파와 표고도 곱게 채 썰어 준비한다.
3. 양념장 만들기 – 소스 분량의 불고기 양념을 섞어 양념장을 만든다.
4. 쇠고기 등심 양념하기 – 얇게 저며 썬 쇠고기를 넓은 사각팬에 펴서 넣고 양념장을 끼얹어 3시간 이상 재워 두었다 사용한다.
5. 고기와 채소 볶기 – 팬을 달궈 식용유를 두른 뒤 고기를 얇게 펴서 센 불에서 지진 다음 야채를 넣어 익혀 낸다.

소스 달인의 비밀노트

· **메뉴 응용** : 불고기 전골, 불고기 반상, 불고기 덮밥

· **노하우** : 등심을 얇게 썰기 때문에 밑간을 하거나 양념장에 오래 재워 두면 간이 많이 배어 맛이 짜진다. 양념장은 너무 짜지 않게 만들고 물기가 있게 만들어야 구울 때 불고기가 바싹 오그라들지 않는다.

6. 낙지볶음 소스

■ 재료

생낙지 / 300g
양파 / 70g
중파 / 70g
청 · 홍고추 / 10g
애호박 / 50g
당근 / 30g
소면 / 100g

■ 양념장 재료

굵은 고춧가루 / 20g
고추장 / 20g
다진 파 / 20g
다진 마늘 / 20g
생강즙 / 5㎖
설탕 / 25g
물엿 / 50g
참기름 / 20㎖
간장 / 10㎖
소금 / 5g
청주 / 10㎖
후춧가루 / 약간

■ 만드는 법

1. 낙지는 손질한 후 길이 8cm 크기로 잘라서 끓는 물에 데친다.
2. 양파는 도톰하게 썰고, 중파는 5cm 길이로 썰어 둔다.
3. 애호박, 당근은 모양 있게 3mm 두께로 썬다.
4. 청 · 홍고추를 어슷하게 썰어 둔다.
5. 기름을 두르고 양파, 당근, 애호박, 중파 순으로 볶는다.
6. 「5」에 양념장을 넣고 볶다가 「1」과 「4」를 넣고 볶는다.
7. 삶은 소면 옆에 「6」을 올린 후 참깨로 고명한다.

7. 골뱅이 무침 소스

■ 재료

골뱅이 / 100g
미나리 / 15g
오이 / 40g
청양고추 / 2g
대파 채 썬 것 / 60g
쥐포채 / 20g
쌀국수 / 50g
통깨 / 약간
굵은 고춧가루 / 약간

Secret of Sauce

■ 소스 1 재료

설탕 / 30g
소금 / 8g
청양고추 / 8g
생강 / 2g
고춧가루 / 1ts
빙초산 / 2㎖(약간)
고추기름 / 8g
마늘 / 8g
깨소금 / 5g
참기름 / 2㎖

■ 소스 2 재료

설탕 / 80g
굵은 고춧가루 / 50g
고운 고춧가루 / 20g
생강즙 / 약간
마늘 / 약간
환만식초 / 80㎖
참기름 / 10㎖
깨소금 / 약간
소금 / 약간

8. 새콤달콤 장조림 간장 소스

■ 장조림 간장 소스

물 / 1ℓ
설탕 / 250g
생강 / 약간
대파 / 약간
진간장 / 250㎖
마늘 / 약간
건고추 / 약간
양파 / 약간

• 아롱사태, 양지 등에 사용된다.

■ 초간장 양념

생수 / 4ℓ
설탕 / 1kg
진간장 / 4ℓ
식초 / 1ℓ

• 녹두전, 생선전, 야채전 등에 사용된다.

■ 도토리묵 양념간장

진간장 / 1ℓ
굵은 고춧가루 / 1kg
볶은 깨 / 250g
마늘 찹 / 250g
생수 / 1ℓ
참기름 / 250㎖
실파 송송 썬 것 / 250g

9. 새콤달콤 초간장 소스

■ 재료

참기름 / 50㎖
생강 / 20g
간장 / 235g
설탕 / 20g
참깨 / 2g
조미료 / 약간
대파 / 70g
통마늘 / 30g
고추장 / 80g
청주 / 150㎖
닭육수 / 1ℓ
토마토케첩 / 30g
건고추 / 15g

■ 만드는 법

1. 팬을 달구어 참기름을 두르고 통마늘을 넣고 볶다가 건고추, 대파, 생강을 함께 넣고 볶는다.
2. 「*1*」에 고추장을 넣고 볶다가 토마토케첩을 넣고 볶는다.
3. 「2」에 닭육수를 넣어 농도를 맞춘 다음 청주, 설탕을 넣고 끓이다가 간장을 넣는다.
4. 「*3*」에 조미료를 약간 넣고 참깨를 넣어 완성한다.

10. 새콤달콤 도토리묵 간장 소스

■ 재료

다진 양파 / 60g
다진 셀러리 / 15g
바비큐 소스 / 750g
토마토케첩 / 150g
식초 / 250㎖
레몬 / 60g
황설탕 / 50g
로즈메리 / 약간
타바스코 소스 / 약간
다진 당근 / 40g
다진 마늘 / 10g
칠리 소스 / 650g
토마토페이스트 / 100g
우스터 소스 / 50㎖
서양 겨자 / 5g
월계수잎, 타임, 통후춧가루 / 각 2g
정향 / 2g
닭육수 / 3ℓ

■ 만드는 법

1. 양파, 당근, 셀러리, 마늘을 곱게 다져서 프라이팬에 볶는다.
2. 소스 냄비에 「1」을 넣고 토마토페이스트를 넣고 볶는다.
3. 「2」에 인스턴트 바비큐 소스와 칠리 소스, 토마토케첩을 첨가하여 끓인 후 육수로 농도를 맞춘다.
4. 「3」에 황설탕, 식초, 레몬을 짜서 넣은 다음, 여러 가지 향신료 주머니를 만들어 넣고 끓인다.
5. 소금, 후춧가루로 간을 하여 완성한다.

11. 청어 양념구이 소스

■ 재료

간장 / 2ℓ
다진 파 / 450g
고추장 / 100g
설탕 / 50g
생강 / 30g
물 / 2ℓ
물엿 / 150g
굵은 고춧가루 / 150g
마늘 / 100g
청주 / 약간

12. 맛술 소스

■ 재료

소주 / 8병(2880㎖)
물엿 / 1.8kg
설탕 / 3kg
소금 / 100g

■ 만드는 법

소주 8병을 끓인 후 설탕을 2kg 넣어 다시 끓인 다음 엿, 소금, 설탕 1kg을 넣어 캐러멜 소스를 만든다.

13. 초고추장 소스

■ 재료

고추장 / 3kg
빙초산 / 1병(180㎖)
설탕 / 800g
마늘즙 / 50g
식초 / 1kg
물엿 / 1kg
생강즙 / 30g

14. 간장 게장 소스

(1) 양념간장

■ 재료

게(6kg 정리한 자투리)
건고추 / 20g
월계수잎 / 2g
과일껍질, 채소 자투리
양파 / 160g
다진 마늘 / 20g
흑설탕 / 80g
물엿 / 280g
통후춧가루, 건새우 / 45g
대파 / 약간
물 / 2.5ℓ
건표고 / 15g
감초 / 2g
진간장 / 1.5ℓ
생강 / 40g
청주 / 500㎖
백설탕 / 60g
조청 / 285g
대추씨 / 40g

■ 만드는 법

1. 게 자투리, 물, 건고추, 건표고, 월계수잎, 감초, 과일껍질, 채소 자투리, 진간장, 양파, 생강, 마늘 거칠게 다진 것, 통후춧가루, 건새우, 대파, 대추씨를 넣어 센 불에서 한소끔 끓인다.
2. 막 끓으면 중불로 낮추고 30~40분 정도(게 껍질이 빨갛게 될 때) 더 끓인다.
3. 거품을 걷어내고 청주를 넣는다.
4. 다시 끓으면 흑설탕과 백설탕을 넣고 물엿과 조청을 넣어서 더 끓인다.
5. 다 끓고 나면 걸러서 완전히 식혀서 사용한다.

(2) 게장 양념

■ 재료

위의 양념간장 / 500㎖
고운 고춧가루 / 60g
굵은 고춧가루 / 100g
건고추 불려서 간 것 / 25g
다진 마늘 / 20g
양파즙 / 200㎖
배즙 / 100㎖
사과즙 / 65㎖
물엿 / 90g
조청 / 95g
소금, 깨소금, 후춧가루, 조미료, 참기름, 맛술, 청주, 실파, 청 · 홍고추 / 약간

■ 만드는 법

1. 양념간장, 고운 고춧가루, 굵은 고춧가루, 건고추 불려서 간 것을 넣어서 먼저 개어 놓는다.
2. 「*1*」에 마늘, 양파즙, 배즙, 사과즙을 넣어 충분히 저어 준다.
3. 잘 저은 다음 물엿과 조청을 넣고 소금, 깨소금, 후춧가루, 조미료, 참기름을 넣어 잘 섞는다.
4. 게를 잘 손질하여 살짝 씻어 물기를 빼고 맛술과 청주를 넣어 버무려 놓는다.
5. 양파는 1$\frac{1}{2}$개를 따로 조금 큼직하게 썰고 실파는 3~4cm길이로 썰어 둔다.
6. 「*3*」의 소스에 게를 건져 넣고 양파, 실파 썬 것과 청 · 홍고추를 차례로 버무려 상에 낸다.

소스 달인의 비밀노트

· 건새우 대신 멸치를 넣으면 향이 강해서 안 좋다.
· 게장 양념은 냉장고에서 3일 숙성 후 쓰는 것이 좋다.
· 양념 간장 대신 생간장을 쓰면 쓴맛이 난다.
· 청주 대신 소주를 쓰면 향이 강해서 안 된다.

알.아.두.기.

➔ 육회 소스

진간장4Ts, 설탕1Ts, 간 마늘1Ts, 참기름1Ts, 간 생강1/3Ts, 후춧가루 조금, 대파 잘게 다진 것 조금을 넣고 잘 저어 준다. 재료를 다 녹인 다음 청주 1Ts을 넣어 마무리한다.

➔ 고기 삶을 때

무, 대파, 양파, 생강, 청주, 진간장, 된장

➔ 고기를 구울 때 연하게 하기 위해서는 아래 재료를 분무기에 넣고 분사한다

청주 200cc, 맛술 200cc, 마늘즙 100cc, 배즙 100cc

➔ 해물 육수 빼기

바지락 1kg, 다시 멸치 50g, 보리새우 100g, 다시마 50g, 대파 뿌리 3개, 양파 2개, 무 1개

➔ 육류 육수 빼기

육수용 고기(잡뼈, 잡고기)와 무, 대파, 양파

➔ 고구마 또는 감자 삶을 때

다시마 50cm 이상을 잘라서 같이 삶으면 훨씬 맛이 좋다.

15. 쌈된장 소스

■ 재료

된장 / 560g
다진 쇠고기 / 70g
통깨 / 1g
조미료 / 5g
식용유 / 40㎖
물엿 / 40g
양파 / 100g
대파 / 70g
육수 / 150㎖
마늘 / 10g
참기름 / 10㎖
굵은 고춧가루 / 8g

■ 만드는 법

1. 양파는 곱게 다진다.
2. 팬을 달구어 식용유를 두르고 센 불에서 다진 양파를 볶는다.
3. 「2」에 생강즙을 넣고 볶다가 다진 쇠고기와 다진 마늘을 넣어 계속 볶는다.
4. 「3」에 된장을 넣어 섞어서 볶는다.
5. 충분히 볶고 나면 양지육수를 조금 넣고 거품기로 풀어 준다.
6. 나머지 재료를 모두 넣고 계속 저어 준다. 약불에서 약 2시간 정도 끓인다.
7. 마지막으로 참기름과 통깨를 넣고 완성한다.

16. 진한 곰탕 육수

■ 재료

사골 / 20kg
잡뼈 / 10kg

■ 만드는 법

1. 하룻밤 찬물에 담가 물을 천천히 흘려보내면서 핏물을 뺀다.
2. 찬물에서부터 넣어 한 번 펄펄 끓여 건져낸다.
3. 깨끗한 물로 뼈와 냄비를 세척한 다음 다시 물을 뼈 부피의 2~3배로 부어 8시간 동안 끓인다(처음 끓고 나면 불을 약하게 낮춘다).
4. 진한 1차 곰국을 큰 그릇에 따로 부어 놓고 2차로 다시 뼈 부피의 2~3배의 물을 부어 끓인다. 8시간을 끓이고 나면 다시 1차 곰국과 합쳐

놓고 3차 곰국을 위와 똑같이 다시 끓인다. 이렇게 3차까지를 모두 합친다.

5. 모두 합친 곰탕을 위의 5cm 정도가 증발될 때까지 끓인다.
6. 「5」를 하룻밤 식혀서 위에 굳은 기름을 완전히 걷어낸다.
7. 「6」을 다시 데워서 완성한다.

소스 달인의 비밀노트

- 설렁탕은 잡뼈로만 하는 것이다.
- 모든 음식에 조미료 없이도 제대로의 맛을 내려면 적은 양의 청주나 대파를 아주 잘게 다져서 음식에 표나지 않을 정도의 적은 양을 첨가하면 아주 맛있는 음식이 된다.

17. 돼지잡뼈 육수(찌개, 전골용)

■ 재료

생수 / 6kg
돼지잡뼈 / 500g
무 / 200g
생강 / 10g
대파 / 40g
마늘 / 20g
콩나물 / 100g

■ 만드는 법

1. 돼지뼈를 흐르는 물에 3~4시간 넣고 핏물을 뺀다.
2. 「1」을 끓는 물에 5분간 삶아 건져 낸다.
3. 삶아 건져 낸 뼈와 솥을 맑은 물에 깨끗이 헹군 다음 생수를 다시 붓고 무, 생강, 대파, 콩나물을 넣고 센 불에서 한 번 끓인 후 중불로 낮춰서 4시간 동안 우려낸다.

소스 달인의 비밀노트

- 찜용 고기는 센 불에서 20분 정도 끓이고 중불로 낮춰서 채소를 넣는다.
- 뼈를 먼저 살짝 볶아서 우려내면 빨리 우려나고 구수한 맛이 더 강해진다.
- 갈비탕의 국물이 뿌옇게 우러났을 때 맑게 하는 방법은 양지머리를 찬물에 담가 피를 빼고 난 뒤 약불에서 뿌연 국물에 넣고 같은 방향으로 천천히 돌리면 맑아진다(삼투압의 원리).

2 양식 소스의 비밀

소스는 서양요리에서 맛과 색상을 부여하여 식욕을 증진시키고, 재료의 첨가로 영양가를 높이며 음식이 요리되는 동안 재료들이 서로 결합되게 하는 역할을 한다. 소스는 주 요리와 조화가 잘 이루어져야 한다. 소스는 요리의 맛과 형태, 그리고 수분의 함유 정도를 결정하기 때문에 서양요리에서 대단히 중요하다.

서양요리에서는 수프를 제외한 모든 요리에 소스를 필요로 한다. 그래서 소스가 매우 중요한데 소스의 역할은 요리의 향미를 더해 주는 효과도 있지만, 맛을 좋게 할 뿐만 아니라 시각적인 면도 많은 부분을 차지한다.

소스는 식욕을 증진시키고, 요리의 색상을 좋게 하며, 향신료 등의 첨가로 영양과 향을 좋게 한다. 소스가 첨가되므로 요리의 품질이 향상된다는 것은 누구나 알고 있는 사실이다. 그렇기 때문에 서양에서는 소스의 중요성이 부각되곤 한다. 요즈음 우리나라에서도 소스의 필요성에 대하여 많은 사람들이 연구하고 있다. 그리고 소스의 개념을 이해하고 연구해야 하며 조리원리, 식품의 특성을 고려하지 않고 좋다는 20~30가지의 재료를 넣는다고 요리의 맛이 좋아지는 것은 아니다.

얼마 전 후배 조리사가 갈색 소스에 한방약재를 넣어 소스를 만들어 가져왔다. 시식결과 의도는 좋았지만 고객의 입장에서 보았을 때 이것은 젊은층 요리인데, 몸에 좋은 약재를 많이 넣어 약 냄새가 강하기 때문에 실제로 사용이 불가능했다.

소스를 잘 만들기 위한 몇 가지 방법이 있을 수 있다. 먼저 소스 개발은 이론보다는 실제 경험이 필요하다. 특히 고객에 맞는 입맛을 찾아야 한다. 이것은 주방장 혼자서는 안 되며, 주인과 같이 고객에 맞는 소스 개발이 중요하다. 굳이 대기업에서 만드는 소스, 호텔 주방장 특별 소스가 필요한 것은 아니다. 소스 개발을 위해서는 부단한 노력이 요구된다. 그러면 장사가 잘 되는 집의 소스를 집에 가져다가 분석하여 똑같이 만들었을 때 어떤 소스를 원조로 볼 것인가에 관심을 가져야 한다. 손님의 입장에서 보면 당연히 전자의 음식에 후한 점수를 줄 것이다. 그러므로 소스 개발은 나의 식당에 맞는 소스 개발이 중요하다.

소스 개발에 경험이 중요하다고 했는데, 더 중요한 것은 손끝의 맛이라고 말하고 싶다. 즉 많은 실험에 의해서 소스 개발을 해야 한다. 보잉 747 비행기는 747번의 실패 뒤에 만들어진 것이라고 한다. 소스 역시 50번, 100번의 숫자가 필요하다. 소스를 만들려면 소스의 안정성, 아이디어, 맛, Ph, 상품성 등을 조사해야 진정한 소스가 된다.

장사가 잘 되는 집의 소스는 오랜 시간 동안 소스 개발의 노력으로 이루어진 결과이지, 단순히 할머니가 해먹던 방법으로 오랜 시간 장사를 했다고 해서 인기가 오래가는 것이 아니다. 그 집에는 다른 집에 없는 무엇인가 특별한 조리법, 특이한 식재료, 그 집 안의 양 목표, 또는 주인만이 아는 향신료 첨가 등이 있어 오랜 시간 유명해진다고 본다. 하지만 외지인들이 보았을 때 맛이 없는데, 왜 이 동네사람들은 맛있다고 하는지 모르겠다는 이야기를 들을 수 있는데, 이것은 고객들의 지리적 · 환경적으로 접한 음식이기 때문에 어쩔 수 없다. 결론적으로 고객의 입맛 기준은 없다. 그래서 좋은 소스를 만들려면 최소한 염도, 당도 정도는 정해서 주관 있는 소스 개발을 해야 할 것이다. 따라서 실제 요리업무에 있어서 소스 품질 향상 방안을 검토해 볼 필요가 있다. 소스를 요리하는 과정에서의 여러 가지 잘못된 부분을 점검해 보고, 그에 따른 개선방안을 제시해 본다.

첫째, 좋은 맛의 육수(Stock)를 만들어야 한다.

소스의 맛은 육수가 좌우한다고 해도 과언이 아니다. 육수(Stock)는 표준조리법에 의해 정확한 양의 향신료, 채소, 고기, 소뼈나 닭뼈를 넣고, 찬물로 은근히 끓여야 한다. 센 불로 거품이나 기름제거도 없이 육수를 만들었을 때, 육수가 제대로 만들어지지 않아 본래의 맛과는 완전히 다른 맛이 된다. 좋은 육수는 정확한 양과 정성 그 두 가지라고 할 수 있다. 좋은 육수를 얻기 위해 꾸준한 관심을 가지고 연구하는 것이 소스의 맛을 탁월하게 할 수 있는 최선의 방법이다.

둘째, 신선한 식재료와 풍부한 향신료의 사용이 중요하다.

소스에 사용되는 식재료는 신선하고 좋은 것을 사용해야만 좋은 소스를 얻을 수 있다. 만약 소스에 사용되는 식재료가 신선하지 않고 오래된 것, 질이 떨어지는 재료를 썼을 때 좋은 소스는 결코 얻을 수 없다. 또한 계절에 맞는 식재료를 구입하여 사용해야 한다. 그 이유는 식재료를 비싼 가격을 주고 구입하면 소스의 원가 상승요인이 되기 때문이다. 그러면 적정량의 식재료 사용이 어렵게 되고 연속적으로 소스의 맛이 저하된다. 이와 함께 사용되는 향신료도 좋은 것을 사용하여야 할 것이다. 대부분의 주방에서는 수입된 건조 향신료를 사용하고 있다. 이 건조 향신료가 효과를 내지 못하는 것은 아니다. 그러나 천연 향신료보다는 맛이 떨어질 수 있다. 따라서 사용 전에 와인 등에 잠시 담가 사용하는 것도 한 가지 요령이다. 또 사용되는 포도주의 경우, 현재는 수입 자유화로 인하여 많은 종류를 구할 수 있다. 소스의 특성에 맞는 포도주를 사용하는 것 역시 소스 특유의 맛을 재현하는 데 중요한 부분이다.

셋째, 표준요리법에 의해 소스가 만들어져야 한다.

요리사가 주관적으로 재료의 양 조절, 요리 방법을 달리 하면 맛의 유지가 어렵고, 재고 관리나 생산성에도 비능률적이 된다. 또한 요리의 표준분량(Standard Portion Size)은 표준요리법에 의하여 작업이 이루어져야 고객에게 일정한 수준의 양과 맛, 모양을 제공할 수 있다.

넷째, 숙련된 조리기술이 필요하다.

소스를 잘 만들려면 요리 기술이 필요하다. 특히 불 조절에 신경을 써야 한다. 불 조절에 실패하면 소스가 타거나 남게 되기 때문이다. 따라서 불 조절이 요리 전체에 커다란 영향을 미치는 것을 명심하여야 한다. 요리사가 소스에 대한 경험(know-how)도 없이 단순히 기술만 가지고, 요리에 임했을 때, 고객들의 반응은 나쁘게 나타난다. 소스는 숙련된 요리사가 오랜 경험을 통하여 기술을 연마한 후에 만들어야 한다. 소스는 이론도 중요하지만 실제적인 경험이 더 필요하다.

다섯째, 소스를 만드는 데 용기선정이 중요하다.

냄비가 얇아서 식재료가 타면 소스의 맛은 나빠진다. 체가 없어서 거친 소스를 만들었을 때 그 소스의 진가는 떨어진다. 소스의 품질향상을 위해 사용방법을 알고 다양하게 이용하여야 한다. 구리 냄비를 사용하여 소스를 만들었을 때, 맛이 좋은 소스를 만들 수 있다. 또한 소스 용도에 따라 다양한 크기의 체를 구비하여야 한다.

여섯째, 조리원리를 잘 이해해야 한다.

조리원리를 이해하지 못하면 식재료를 요리했을 때 처음과 다른 현상이 일어난다. 예를 들어, 시금치를 오래 삶으면 색이 나쁘다든가, 생선을 오래 익히면 맛이 없고 영양 가치도 없는 요리가 된다. 현대 소스의 특징은 너무 기름지지 않고, 인공적인 재료가 아닌 주 재료의 순수한 맛을 느낄 수 있어야 한다는 것이다. 색채는 주 재료와 접시, 소스의 색이 조화를 잘 이룰 수 있도록 해야 한다. 또한 시각적으로 혐오감을 주는 색은 피해야 된다. 소스를 잘 만들려면 식재료의 특성을 이용하여 소스 고유의 색을 내게 해야 한다.

일곱째, 관능검사를 통한 염도, 당도, 기준치를 설정한다.

요리사는 만인의 입맛을 맞추는 맛의 창조자라고 한다. 하지만 고객은 자기 입맛에 따라 '짜다, 달다' 하며 불평하므로 소스의 맛을 고객 모두의 기준에 맞출 수는 없다. 고객의 식습관은 환경적 · 지리적 그리고 집에서 먹던 생리적인 요인 때문에 고객의 맛 차이에 대한 기준은 어렵다. 향후 주방에서는 고객이 원하는 염도, 당도 기준을 정해서 요리사의 주관 있는 소스 개발이 필요하다.

필자는 2005년에 대구에서 소스 아카데미 과정을 개설했는데, 많은 사람들이 관심을 갖고 참여하는 것을 보았다. 15주 과정으로 한식, 중식, 일식, 양식, 이탈리아, 샐러드, 소스 등을 준비했고, 강사도 전문가들로 구성하여 강의를 진행했다.

양식의 경우 9가지 모체 소스를 중심으로 준비했다. 서양요리에서 주재료별로 소스를 분류하여 9가지만 알면 소스 개발이 가능하다고 생각한다.

서양요리 기초 소스 9가지 이야기는 다음과 같다.

첫 번째, 브라운 육수를 이용한 혼(魂)드보 소스 이야기
두 번째, 닭 육수를 이용한 소스 이야기
세 번째, 생선 육수를 이용한 백포도주 소스 이야기
네 번째, 우유를 이용한 크림 소스 이야기
다섯 번째, 토마토를 이용한 토마토 소스 이야기
여섯 번째, 버터를 이용한 홀렌다이즈 소스 이야기
일곱 번째, 마요네즈 소스 이야기
여덟 번째, 식초, 오일을 이용한 프렌치 드레싱 이야기
아홉 번째, 디저트 소스 이야기

브라운 육수를 이용한 혼(魂)드보 소스 이야기

서양요리 중 대표적인 것이 육류요리인데, 육류요리의 80% 정도가 갈색 소스를 사용한다. 그런데 가정이나 학교, 작은 규모의 주방에서는 질 좋은 갈색 소스를 만들기가 어렵다. 그래서 이런 경우는 외부에서 만든 갈색 소스를 구입하여 사용하는 편이 낫다. 하지만 혼(魂)드보를 만들어 보고 싶으면 재료를 준비하여 만들어 보는 것도 좋다.

호텔에서 혼(魂)드보를 몇 년 만들어 보았지만 항상 좋은 소스가 나오기는 어렵다. 하지만 일정한 소스의 맛을 위해서는 다음의 몇 가지 방법이 있다. 우선 고기와 뼈를 찬물에 담가 피를 제거하고, 끓는 물에서 빠른 시간 내에 데친다. 그리고 육수가 끓으면 표면에 떠오르는 기름이나 거품을 제거해야 육수가 맑아진다. 기름이 있으면 뚜껑 역할을 하기 때문에 꼭 제거해야 한다. 물론 뚜껑도 덮지 않아야 쇠고기 잡냄새가 제거된다.

육수는 천천히 끓여야 한다. 섭씨 90～93℃가 이상적이다. 그러나 흰색 육수의 경우 한식에서는 팔팔 끓여야 우윳빛 나는 진한 육수를 만들 수 있다. 그런 면에서 동서양이 육수의 제조방법이 다르다. 육수를 만들 때 채소는 처음부터 넣지 말고, 육수가 끓은 후에 넣어야 한다. 향신료의 첨가도 중요하다. 쇠고기 육수의 경우 후추, 백리향, 월계수잎과 마늘이 첨가되어야 질 좋은 소스가 만들어진다.

소스가 빠진 요리는 있을 수가 없다. 수프를 제외하고는 모든 요리에 소스가 필요하기 때문이다. 소스의 맛은 소금에서 나온다고 해도 과언은 아닐 것이다. 소스의 맛에 대한 평가는 각자가 다르기 때문에 어느 것이 좋고, 어느 것이 나쁘다는 기준은 없다. 실제로 전문가 수준의 소스는 각각의 나름대로 비결을 가지고 있다. 의사들도 남모르는 비법을 가지고 환자를 치료한다고 한다. 외과의사도 손재주가 탁월하여 수술솜씨를 인정받는 의사가 있는 반면, 수술 후 부작용이 있어 많은 사람을 애타게 하는 경우가 있듯이 같은 요리를 해도 조리사의 손맛에 따라 요리의 맛이 달라진다. 특히 소스 하나하나에 비결이 있다. 예를 들어, 한식은 육수부터 비결이 많이 존재한다.

몇 가지 소개하자면, 쇠고기 육수는 흐르는 물에 핏물을 제거해야 한다.

핏물을 제거하지 않으면 육수가 푸른빛과 검은색을 띠게 되고 맛이 텁텁해진다. 그리고 고기를 5~10분 끓는 물에 데쳐내야 한다. 시간은 끓는 시점에서부터 5~10분이다. 찬물에서부터 끓이면 안 되고 뜨거운 물에 5~10분 데치는 것이 좋다. 설렁탕이나 곰탕의 고기는 육수에 삶는 것이 좋다. 한식에서는 육수 색이 뽀얀 것을 최고로 치는데, 이렇게 하려면 몇 가지 방법이 있다.

사골을 준비하여 골수를 꼭 제거해야 한다. 사골뼈 20kg과 잡뼈 10kg을 찬물에 담가 놓았다가 뜨거운 물에 데쳐내고 끓인다. 육수를 끓일 때 1차로 찬물을 8ℓ 정도 넣고 끓인다. 끓이면서 물이 줄어들면 계속 보충하면서 센 불에 끓여서 8시간 졸인다. 이것을 걸러서 1차 육수를 보관한 다음, 다시 2차 육수를 찬물을 부어 끓인다. 1차와 같은 방법으로 계속 끓이면 되는데, 8시간 끓이고 걸러서 2차 육수를 완성시킨다. 나중에는 1차와 2차 육수에 뼈를 넣고 16ℓ의 육수를 졸여서 8ℓ가 되면 진정한 육수가 탄생하게 되는 것이다. 3차 육수는 젤라틴이 강해서 끓여서 먹으면 입 안에서 진한 맛을 느낄 수 있는 육수를 얻을 수 있다. 이때 소금을 3% 정도 넣으면 맛이 더 좋고, 뼈 20kg에 쇠고기 2kg 정도를 3차 육수에 넣고 끓여서 기름을 제거하면 진국의 맛을 느낄 수 있다.

그리고 혹시 국간장으로 간을 맞추려면 육수가 끓을 때 첨가해야 하며, 쇠고기의 비린내 제거는 월계수잎과 후추를 넣으면 한결 좋은 육수를 얻을 수 있다. 옛날에는 육수에 통계피와 건 미삼(인삼의 잔뿌리)

을 넣어서 비린 맛을 제거하기도 했는데, 요즘은 잘 쓰지 않는다. 육수에 쓰는 쇠고기는 양지머리가 좋은데, 호텔 등에서는 심줄이 있는 것을 넣기도 한다.

마지막으로 육수를 다 끓였는데도 맛이 나지 않으면 쇠(연탄집게 또는 자동차에서 스프링역할을 하는 쇠)를 불에 달구어 육수에 넣었다가 꺼내면 신기하게도 맛이 좋아진다. 이외에도 경험을 하다 보면 각자 맛을 내는 비결을 발견해 낼 수 있을 것이다.

01 스테이크 요리와 갈색 육수(혼(魂)드보 소스 (Fond de Veau))

■ 재료(산출량 : 2.5ℓ)

쇠고기사골 / 290g

발라낸 쇠고기 부산물 / 290g

닭고기 / 100g

양파 0.6×0.6cm 크기의 정사각 모양 / 100g

셀러리 0.6×0.6cm 크기의 정사각 모양 / 30g

당근 0.6×0.6cm 크기의 정사각 모양 / 60g

토마토 0.6×0.6cm 크기의 정사각 모양 / 60g

토마토페이스트 또는 퓌레 / 15g

백리향 / 0.23g

월계수 / 0.30g

비프베이스 / 1g

적포도주 / 5㎖

파슬리 줄기 / 0.6g

샐러드 오일 / 5㎖

후춧가루 / 0.15g

타라곤 / 0.15g

백포도주 / 5㎖

마늘 / 5g

버터 / 2g

물 / 10ℓ

■ 만드는 법

사골은 가로 세로 5~6cm 크기로 썰어 오븐에 굽는다.

1. 낮고 두꺼운 바닥의 넓은 팬(Rondeau)에 식용유를 넣고 중간불 이상으로 가열을 한 다음 고기의 부산물과 미르포와(향미채소)를 넣고 가끔씩 저어가며 진한 갈색이 될 때까지 25~30분 정도 강한 불에서 볶는다(캐러멜 색깔이 날 때까지).
2. 토마토 퓌레를 넣고, 적갈색이 되며 진하고 달콤한 향이 날 때까지 약 5분간 중간불 이상에서 계속 조리한다.
3. 물과 향신료를 넣고 천천히 끓인다. 필요에 따라 불순물을 걷어내고 훌륭한 맛이 날 때까지 4~5시간 동안 계속해서 끓인다(마지막에 향초

주머니를 꺼낸다).

4. 육수를 고운 체에 거른 다음 식혀서 보관한다.
5. 1일차 육수를 만들어 준비한 후 재료를 똑같이 준비한 다음 2일차 육수를 만든다.
6. 소스의 맛을 보고 간을 한다. 소스는 67℃를 유지하여 보관한다. 양은 1인분에 50㎖를 기준으로 한다.

용어설명

미르포와 : 향미채소를 말한다.

혼(魂)드보 : 소뼈 또는 돼지뼈와 향미채소를 오븐에서 색을 낸 다음 향신료 등을 넣고 끓인 육수

필요한 만큼 : 염도계 수치 3~5 정도

다음은 혼드보 소스를 응용하여 만든 양송이 소스를 소개한다.

1. 양송이 소스

■ 재료

다진 양파 / 1kg

토마토 혼쥬 / 1ℓ

전분 / 약간

토마토 사각으로 썬 것 / 650g

다진 타라곤 / 10g

후춧가루 / 약간

백포도주 / 750mℓ

월계수잎 / 5g

버섯 얇게 썬 것 / 3kg

갈색 육수 / 6ℓ

다진 파슬리 / 7g

소금 / 약간

■ 조리법 어드바이스

· 양송이는 센 불에서 빨리 볶아야 모양이 변하지 않는다.

· 소스에 들어가는 채소는 센 불에서 빨리 볶아야 한다.

■ 만드는 법

1. 버터에 양파 다진 것을 살짝 튀기다가 양송이를 넣고 같이 볶는다.
2. 와인을 넣고 1/2 정도 Reduire시킨다.
3. 토마토 Fondue와 갈색 소스를 넣고 향신료를 첨가한다.
4. 소금, 후춧가루 등으로 간을 하고 전분으로 농도를 조정한다.
5. 서빙 시 파슬리 다진 것과 Tomato Concasse를 첨가한다.
6. Tomato Concasse가 너무 뭉그러지지 않아야 하고 Tarragon 향이 좋아야 하므로 나중에 첨가시킨다.

● 혼(魂)드보 소스는 원래 Fond(육수) de veau(송아지의)란 뜻인데 필자가 이 육수를 가지고 석사, 박사 연구 과제로 사용한 관계로 혼이 들어간 소스라는 뜻으로 재해석하여 만든 용어로 상표등록을 했다(2006).

닭 육수의 비밀

닭 육수는 서양에서는 맑은 육수를 좋아하고, 우리나라에서는 삼계탕 육수를 최고로 여긴다(진하면 진할수록 좋은 것으로 인정한다). 그래서 쌀뜨물을 넣기도 한다. 원래 육수는 우리말로 국물이라고 한다. 서양요리에서 국물요리는 서민들이 즐기는 것으로 되어 있는데, 우리나라 요리에는 국물요리가 대단히 많다. 수프요리, 즉 국물이 있는 요리는 우리나라가 세계에서 제일일 것으로 생각하며, 국물요리가 많아서 국물을 내는 비밀이 많다.

몇 가지 소개하면, 끓일 때 바닥이 두꺼운 알루미늄 통이 제일이다. 스테인리스나 무쇠 솥은 국물이 잘 우러나지 않고, 특히 무쇠는 녹이 생겨 불편하다. 그리고 핏물 제거와 끓이는 시간이 중요하다. 쇠고기 사골 육수는 8시간 정도이고, 닭은 3～4시간, 생선은 20분 이상 끓이면 원래의 맛이 안 난다. 생선은 오래 끓이면 떫은맛과 신맛이 나므로 짧은 시간 동안 조리해야 한다. 그리고 백포도주를 넣어야 비린내 제거가 될 뿐 아니라 짧은 시간 동안 많은 맛을 우려내기 위한 방법이다. 그리고 비린내나 군내를 없애기 위해서는 향신료가 필요하다. 육류는 후추, 월계수, 백리향을 넣어야 하고, 생선 육수는 후추, 월계수, 고추씨가 들어가야 한다. 닭의 경우는 월계수잎이 꼭 필요하다. 우리나라는 황기, 대추, 당귀, 오가피, 천궁을 넣어 누린내를 제거하기도 한다(이때 헝겊에 싸서 넣고, 끓인 후에 건져내면 된다). 닭은 서양에서는 꼭 양파 대신 파의 흰 부분만을 넣어 육수를 만든다. 양파는 단맛이 많이 나므로 잘 쓰지 않는다. 닭 육수 만들 때 소금을 약간 넣기도 하는데, 이때 굵은 소금을 사용하는 것이 좋다. 이것도 간수가 빠진 것이 좋은

데, 음식이 맛있는 집은 소금을 1년치 미리 사가지고 창고에 넣어 두어 간수를 제거한 다음 사용한다. 이렇듯 맛있는 집은 남들이 모르는 비밀이 있게 마련이고, 우리는 그 비밀을 알려고 노력하지만 이것은 본인이 여러 번의 실험을 통해서 얻을 수밖에 없다.

삼계탕 육수의 경우는 물을 넣지 않고 닭뼈나 닭발을 육수로 만들어 사용하는 식당도 있는데, 맛있는 삼계탕을 위해서는 닭을 통째로 넣어 같이 끓여야 맛이 제대로 난다.

칼국수, 생선매운탕 등에도 닭 육수를 첨가하기도 하는데, 이때도 닭고기가 들어간 닭 육수를 사용해야 진한 닭의 맛을 느낄 수 있고 더 진한 육수를 원하면 닭 육수가루를 넣어 맛을 강화해도 된다.

01 닭 육수 소스(슈프림 소스(Supreme Sauce))

■ 재료(산출량 : 2ℓ)

닭 육수 / 1ℓ
버터 / 70g
백후춧가루 / 약간
밀가루 / 60g
생크림 데운 것 / 200㎖
소금 / 약간
버섯(선택사항) 슬라이스한 것 / 100g

■ 만드는 법

1. 닭을 주 재료로 만든 대표적인 흰색 육수 소스로서, 여기에 사용되는 닭 육수는 파, 양파, 향신료만으로 진하게 뽑아서 사용한다.
2. 버터 70g에 밀가루 60g을 넣고 루(Roux)를 만든다.
3. 루에 닭 육수 1ℓ를 넣는다(치킨 벨루테).
4. 치킨 벨루테를 거품기로 잘 풀어 준 다음 생크림을 넣는다.
5. 이 소스에 양버섯을 100g 정도 넣는다.
   1) 소스가 수저의 뒷면에 코팅될 때까지 표면에 떠오른 불순물을 자주 제거해 주고 자주 저으면서 서서히 끓인다.
   2) 소스를 걸러 주고, 소금과 후춧가루로 간을 맞춘다.
   3) 필요하다면, 버터를 가지고 소스를 마무리한다.
6. 끓이는 동안에 계속 저어 주어 소스가 눌지 않고 원하는 농도가 되어 걸렀을 때 흰백색의 윤기 있는 소스가 되어야 한다.
7. 슈프림 소스를 모체로 하여 파생하는 것으로 카레 소스, 크림 소스 등이 있으며 찜(Poached)이나 로스트 치킨(Roast Chicken) 등에 이용된다.

포도주 소스의 비밀

포도주를 주 재료로 한 소스는 많다. 프랑스 요리의 소스는 포도주와 가장 좋은 동반자이다. 소스를 만들 때 몇 가지 주의해야 할 점은 포도주가 소스 맛의 보조 역할을 해야 한다는 점이다. 포도주 맛이 강하여 요리의 맛을 해치면 안 된다. 그래서 포도주를 1/2로 졸여서 식초 맛을 제거하여 사용해야 한다. 요리가 담백할 때는 곁들여지는 포도주 역시 담백한 백포도주 소스가 어울린다고 한다. 산미가 있는 요리에는 상쾌한 풍미를 가지고 있는 포도주가 어울린다. 매운맛이 나는 음식은 약간의 산미와 단맛이 어울리고, 짠맛이 강한 요리에는 쓴 포도주가 어울린다. 원래 요리에 사용하는 포도주는 소금이 약간 첨가된 것이 많다. 가격 역시 저렴하다. 그러나 요즘은 질 좋은 식재료, 질 좋은 포도주를 사용한다. 그리고 그 지역에서 만들어지는 포도주가 전통 요리에는 적합하다. 보르도 지방요리에는 보르도 포도주가 어울린다.

포도주의 신맛은 혀의 양옆에서 감지되는데, 식초의 신맛이 아닌 포도주 신맛은 미각을 자극하거나 식욕증진 역할을 하는 것이 사실이다. 그리고 신맛을 느끼는 온도가 35~40℃임을 잊으면 안 된다. 소스에 쓰이는 포도주는 많지만 몇 가지 소개해 보면, 브르기니용 포도주, 마데라, 노일리, 포트, 리큐어, 세리 등이 있다. 육류 요리에 많이 쓰이는 주정이 강한 마데라(Madere) 포도주의 산지는 포르투갈령의 마데라 섬이다. 15C에 포르투갈 사람들이 이 섬을 발견했을 당시 섬 전체가 산림이었다. 이 섬의 이름은 포르투갈 말로 '마디라라' 로서 산림이란 뜻이다. 그 후에 이 섬을 개척하기 위하여 화재를 냈는데, 산림이 모두 7년에 걸쳐 탔다고 한다. 그 후 포도 재배를 시작하여 오늘의 마데라

포도주를 만들게 되었다. 마데라 소스는 소스 중에서 가장 많이 사용하고 있는 갈색 소스인데, 베이스 소스에 가까울 정도이다. 우리가 사용하는 미국산 폴 미슨사 마데라는 식후주로 좋지만 가격이 저렴하여 요리용으로 많이 이용된다. 실제 사용 시 포트 포도주(Port Wine)를 약간 섞어서 쓰면 훨씬 좋아진다.

생선요리에는 노일리(Noilly) 백포도주를 많이 쓰는데, 노일리는 루이 노일리가 프랑스 리옹에서 1813년에 창업해서 계속 생산하고 있으며, 특히 드라이의 향이 좋다. 이 포도주는 베르무스(Vermouth) 계통인데, 소스는 드라이한 것으로 알려져 있다. 알코올 성분이 17~20% 정도이고 스위트와 드라이가 있다. 스위트는 향초류의 풍미가, 드라이는 포도주의 풍미가 살아있다. 이 포도주 계통으로는 마티니(Martini)가 유명하다. 북이탈리아, 동부 이탈리아 알프스에서 채취되는 향기가 높은 향초를 포도주와 블렌드하는 기술을 개발하였다. 종류는 마티니 로소, 로제, 비안코, 에스트라 드라이가 있다.

리큐어(Liqueur)는 디저트 소스를 만들 때 많이 사용하는 것으로 리큐어의 증류주인데, 종류가 다양하다. 리큐어는 증류주에 약초, 색소, 알코올이 첨가된 향미 성분을 배합하여 취향이 다른 술로 제조한 것의 하나이다. 18세기 이후 과일향의 술을 만들고 여성의 취미에 맞추어 색을 착색한 술이 나오면서 '액체의 보석'이라고까지 했다. 리큐어는 약초(Herb), 향신료(Spice)계, 과일계, 종자계, 특수계로 나눌 수 있다. 약초 향신료계는 원래 설탕이 없을 때 만들어지면 단맛이 없고 약 냄새가 나는 술이었다.

지금도 프랑스, 이탈리아는 맛을 최고로 내는 반면, 독일은 약효의 추구가 우선이고, 다음으로 맛이라는 차이가 있다. 소스로 쓰는 리큐어는 과일계에 가장 많으며, 디저트로 식사 마무리에 사용된다. 근대의 미학적 요청에 의하여 탄생되었다고 할 수 있다.

17C 말 남미의 네덜란드령 큐라소 섬에서 오렌지 껍질을 넣어 만든 코인트로(Cointreau) 그항마니에, 체리 브랜드 등을 이용한 소스가 많다. 종자재료인 바닐라, 카카오, 아몬드 등의 향미는 현대적 기호에 맞는 것이 많으며 요즘 많이 쓰이고 있다. 리큐어를 이용한 소스는 오렌지 소스, 딸기, 키위, 만다린 등이 있다. 포도주 소스의 비결은 요리에

맞는 포도주를 선택하여 사용하는 것이라고 생각한다.

포도주 소스는 생선요리에 가장 많이 쓰이는 소스이다. 이 소스는 생선 육수를 잘 만들어야 한다. 생선 육수는 흰살 생선의 뼈만을 이용해야 한다. 검은살, 지느러미, 꼬리, 머리 등을 넣으면 육수가 탁해지고 맛이 떨어진다.

생선 육수를 만들 때도 세 가지 방법이 있는데, 생선뼈를 넣고 버터에 살짝 볶은 후, 브랜디(코냑이 좋음)를 넣어 불을 붙이면 생선의 비린내가 제거되고, 여기에 버섯, 양파, 마늘, 레몬, 월계수, 후추, 파세리 줄기를 팬에 볶아 넣으면 된다. 물은 꼭 찬물을 부은 다음 은근히 끓이는데, 물 3ℓ 기준으로 물이 끓기 시작하여 20분이 넘지 않도록 한다. 그리고 재료의 양과 물의 양의 비율은 4배가 정상이지만 생선 육수는 3배가 적당하다.

두 번째, 생선 육수를 만드는 방법은 뼈를 볶을 때 뼈를 주걱으로 두드려 주어 생선 육수를 탁하게 하여 만드는 방법이다. 이것을 가지고 백포도주 소스를 만들면 생선뼈에서 우러난 젤라틴 성분 때문에 맛이 진해지는 효과가 있다.

세 번째 방법은 생선 육수 재료에 토마토를 넣어 붉은 생선 육수를 만드는 방법이다. 이것은 갑각류 소스 만드는 기초 생선 육수로 쓰면 좋다. 이러한 과정을 거쳐 만든 생선 육수를 가지고 백포도주 소스를 5ℓ 만드는 데 쓰이는 양은 다음과 같다.

생선 육수(두 번째 방법으로 만든 생선 육수) 5ℓ, 백포도주 1병(760㎖)을 냄비에 넣어 2ℓ 정도까지 졸인다(진한 육수를 원하면 500㎖까지 졸이기도 한다. 이 방법은 원가 비율이 너무 높아서 일반식당에서 쓰기는 어렵다). 여기에 3ℓ의 생크림을 넣고, 끓기 시작하여 10분 정도 끓인 후, 버터 70g, 밀가루 70g을 넣어 섞은 농도제를 넣으면 된다. 좋은 백포도주 소스는 좋은 백포도주를 사용해야 한다.

원래 포도주를 졸이면 알코올 냄새가 제거될 뿐 아니라 포도의 진한 맛이 남아 있어서 생선과 어울리기 때문에 궁합이 맞는다. 실제로 흰살 생선은 백포도주를 사용하지만 그 외의 생선은 기초 백포도주에 각종 향신료를 다져서 넣거나, 추가로 특수한 백포도주를 졸여 넣어 사용하는 주방장들도 많다.

이외에도 몇 가지 소스를 잘 만드는 방법을 소개하면, 소스 농도를 맞춘 후 오래 끓이면 맛이 변하기 때문에 조심해야 하고, 크림을 첨가할 때는 일단 끓인 다음에 넣어야 한다.

찬 생크림을 졸인 육수에 넣으면 분리될 확률이 높다. 백포도주는 끓인 후 식힐 때 조심해야 한다. 흐르는 물에 식힐 때 가끔 소스를 저어 주어야 상하지 않는다.

얼음을 통에 잔뜩 넣어 소스를 식히면 가장자리는 소스가 식어서 얼지만 가운데는 소스가 식지 않아서 상할 염려가 많다. 그리고 이 소스는 냉동하면 분리되므로 냉장 보관했다가 쓰는 것이 좋고, 백포도주를 넣었을 때는 5분의 1 정도로 졸여야 한다. 그 이하로 졸이면 소스를 만든 후 먹어보면, 식초를 넣은 듯한 맛이 나므로 조심해야 한다. 생선은 비린내 나는 것을 방지해야 하므로 생선 비린내 제거 향신료를 넣는 것도 한 가지 방법이다.

01 백포도주 소스 : 신라호텔 스타일(White Wine Sauce)

■ 재료(산출량 : 5ℓ)

생선 육수 / 5ℓ
양송이버섯 기둥 / 500g
월계수잎 / 3개
백포도주 / 700㎖(1병)
버터와 밀가루를 섞은 것(버터 마니에) / 100g
파슬리 줄기 / 50g
생크림 / 3ℓ
후춧가루 / 약간
소금 / 약간

■ 만드는 법

1. 생선 육수에 술과 양송이 기둥, 파슬리 줄기와 월계수잎을 넣어 1/3 정도 은근히 졸인다(약한불).
2. 졸인 생선 육수 색이 약한 갈색이 될 때까지 졸인다.
3. 생크림의 온도가 너무 차면 분리될 우려가 있다.
4. 생크림을 넣고 끓일 때 실수로 생크림이 끓어 넘으면 소스의 맛도 없고 농도가 안 나온다.
5. 생크림을 넣어 10분 정도 끓인 후 소금, 후춧가루, 버터 마니에 등으로 농도를 맞추고 걸러서 식혔다가 사용한다.
6. 소스를 식힐 때 흐르는 물에 식히면서 주걱으로 계속 저어 주어야 맛있는 소스가 된다.

• 5.3.1 스타일은 5ℓ 소스를 만들기 위해 5ℓ 육수, 3ℓ 생크림, 1병의 백포도주가 들어간다고 해서 초보자들에게 백포도주를 쉽게 가르쳐 주기 위한 방법이다.

소스 달인의 비밀노트

· 백포도주 소스는 냉동시켰다가 사용하면 분리된다. 루(Roux)를 많이 첨가하여 된 소스를 만들어 냉동시켰다가 사용해도 되지만 맛과 향이 떨어지므로 자주 만드는 것이 좋다.

Secret
Sauce of

· 냉동 보관을 꼭 해야 된다면 2~3ℓ 정도씩 담아 보관하는 것이 무난하다.
· 백포도주 소스를 만들 때 크림을 끓여 넣는데, 끓이지 않고 넣으면 소스가 분리되는 경우가 있다.
· 백포도주와 생선 육수를 졸이다가 찬 생크림을 넣으면 분리되는 경우가 많다.
· 소스를 같이 섞을 때에는 온도가 비슷해야 한다.
· 찬물을 식힐 때도 가끔씩 저어 층이 생기지 않도록 하고, 저장 시는 냉장 보관한다.
· 농도를 맞춘 다음에는 오래 끓이면 안 된다.
· 생선 육수는 비린내가 나면 안 좋다.
· 졸일 때 소스 색이 검게 될 우려가 있으니 조심해야 된다.
· 소스를 끓일 때는 불 곁을 떠나면 절대 안 된다.

백포도주를 응용한 백포도주 발사믹 소스를 소개해 보면 다음과 같다.

1. 백포도주 소스

■ 재료

생선 스톡 / 1ℓ
백포도주 / 100cc
버터 / 50g
휘핑크림 / 200cc
월계수잎 / 2g
바질 / 5g
다진 양파 / 50g
다진 마늘 / 10g
밀가루 / 20g
발사믹 식초 / 50cc
다임 / 5g
후춧가루 / 약간

■ 만드는 법

1. 생선 스톡을 진하게 준비한다.
2. 팬에 버터를 넣고 양파, 마늘, 밀가루를 넣어 버터 마니에를 만들어 백포도주를 넣는다.
3. 스톡과 향신료를 넣고 농축시켜 휘핑크림을 넣고 은근히 끓인다.
4. 발사믹을 넣고 계속 끓여 농도가 응축되도록 끓인다.
5. 양념과 간을 한 후 믹서에 갈아 체에 거른다.

크림 소스의 비밀

소스의 농도는 요리의 맛, 형태, 그리고 수분 함유 정도를 나타내기 때문에 아주 중요하다.

소스의 평가에서 농도는 소스의 3요소에 포함될 정도로 중요하게 여기는 부분이다. 좋은 재료가 맛있고, 색상이 좋은 소스를 만들었어도 농도가 탁하거나 묽으면 요리의 원래 맛을 떨어뜨릴 수 있기 때문이다. 소스 농도의 기본은 크림 농도가 좋고, 소스의 색은 윤기가 나야 하며 덩어리 없이 주르르 흐르는 정도가 이상적이다.

연회요리에서 사용되는 소스는 농도가 된 것이 바람직하다. 하지만 전문 식당의 소스 농도는 묽지만 맛에 대해 신경을 써야 한다. 소스는 그 식당의 얼굴이라 해도 과언이 아니다. 일반적으로 단순한 요리에는 영양이 풍부한 소스를 곁들이고, 영양이 풍부한 요리에는 단순한 소스 사용이 원칙이며, 색이 안 좋은 요리에는 화려한 소스, 싱거운 요리에는 강한 소스, 팍팍한 요리에는 수분이 많고 부드러운 소스 사용으로 소스와 요리의 조화를 이루어야 한다.

소스는 육수와 농축제(Liaison)로 구성되어 있으며, 다른 재료의 첨가에 따라 변형된 소스가 만들어진다. 그러므로 와인, 육수, 부재료 등 모든 구성요소들이 조화 있게 결합하여 그 소스의 맛을 낼 수 있다. 마지막으로 소스를 가장 맛있게 하려면 좋은 재료로 만든 기초 육수 소스가 좋아야 기초 소스, 즉 모체 소스의 맛이 좋아진다.

파생 소스는 모체 소스의 질에 따라 맛이 좌우되고, 요리 또한 소스에 의해 결정될 수 있다. 농축제는 대개 곡류로부터 만든 식재료이므로 액체 혼합물을 더 걸쭉한 형태로 바뀌게 한다. 전분은 작은 입자로 이루어져 있다. 이 전분에 액체를 넣고 열을 가해 주면 물은 입자 사이로 침투한다. 이렇게 되면 입자는 액체를 흡수하고 그 결과로 걸쭉한 액체를 만들게 되는데, 이 과정을 '호화' 라고 한다. 전분의 종류에 따라 농축제의 작용이 다르게 된다. 밀가루의 농축 정도에 따라 옥수수의 곡분은 더 맑게 보일 수도 있고 탁하게 보일 수도 있다. 농축제는 소스나 수프를 걸쭉하게 하여 농도를 내며 풍미를 더해 주게 된다.

루(Roux)에는 화이트 루(White Roux), 블론드 루(Blond Roux), 브라운 루(brown Roux), 꽁포제 루(Composee Roux)가 있다.

루는 두꺼운 소스 팬에 버터를 넣어 타지 않도록 하고, 원하는 색을 내서 윤이 나게 만들면 된다. 버터는 그대로 사용하면 밀가루가 완전히 볶아지지 않고 농축제로 효과가 적기 때문에 대개 녹여서 정제된 것을 사용한다. 밀가루는 잘 볶아야 독특한 향미가 나며, 약한 불에서 천천히 볶아야 생 밀가루 냄새가 안 난다. 버터와 밀가루의 비율은 초심자의 경우 1 : 1로 하는 것이 실패하지 않는 비결이다. 그러나 버터가 많을수록 볶기가 쉽다. 밀가루가 많으면 볶기도 어렵고 시간도 오래 걸린다. 일반적으로 100g의 루를 만드는 데는 버터 50g, 밀가루 60g이 적당하지만 요리에 따라 다를 수 있다. 대개는 볶은 색깔에 따라 구분하고 카레 루를 꽁포제 루라고 칭한다.

리에종(Liaison)에는 계란 리에종과 버터 리에종이 있다.

계란 리에종(Egg Liaison)은 노른자에 우유나 크림, 육수를 잘 섞어 끓는 소스에 넣어 거품기로 재빠르게 섞어 주어야 한다. 소스는 노른자의 비린내를 없앨 정도의 불에서 끓여야 한다. 특히 많은 소스의 경우 한 주걱 정도의 소스에 노른자를 풀어서 다시 소스에 섞는 방법이 이상적이다. 마무리한 소스를 다시 끓인다면 소스의 맛이 변한다.

버터 리에종(Butter Liaison) 역시 마찬가지이다. 버터 농후제는 차가운 버터를 소스에 넣으면서 저어 주어야 하는데, 맛을 첨가하면서 농도를 맞춰 준다. 주의할 점은 소스를 요리에 붓기 바로 직전에 버터를 넣어야 한다(무염버터로 말랑말랑한 상태로 사용해야 함). 버터와 밀가루(Butter and Flour)는 부드러운 버터에 동량의 밀가루를 반죽하여 소스에 섞어 완전히 녹을 때까지 저어 준다. 근래에 와서 많이 사용하는데, 장기간 보관하는 데 좋고 맛이 다른 농후제 보다 좋다. 이것은 일명 '뵈르 마니에(Beurre Manie)' 라고도 한다.

이외에도 소스 농도를 맞추기 위해서는 갈분(Arrow Root), 옥수수전분(Cornstarch), 감자전분을 이용하여 소스를 진하게 하는 데 사용된다. 이러한 종류는 우유나 물, 포도주, 육수 등에 푼 다음 소스에 부어 농도를 맞추어 사용한다. 특히 너무 끓으면 전분이 익기 때문에 은근한 불로 끓기 전에 섞어 저어 준 다음 사용해야 한다. 그리고 전분은 물을 붓고 가열하면 입자가 팽창되고 덩어리지기가 쉽다. 이것을 방지하기 위해서는 찬물로 먼저 전분을 풀고 이것을 뜨거운 물에 붓는다. 소스에서 농도는 맛과 마찬가지로 중요하다. 최근에 요리 마무리를 가볍게 하는 것이 강조되고, 많은 밀가루를 사용한 전통적인 농도의 소스가 무겁다는 이유로 꺼리고 있다. 그 반면에 생크림을 졸이거나 소스 자체를 충분히 졸여 되직한 농도보다는 걸쭉한 농도를 유지하며, 담백하고 가볍게 마무리하여 먹기 쉽고 싫증나지 않도록 해서 현대인의 입에 맞게 소스 농도를 조절하고 있는 추세이다. 농축제로서 곡분을 사용할 때 몇 가지 기본적인 요인을 이해해야만 부드럽고 적당한 점도를 갖는 소스를 만들 수 있다.

01 크림 소스(Cream Sauce)

■ 재료(산출량 : 4ℓ)

정제버터 또는 오일 / 60mℓ

양파 잘게 다진 것 / 60g

화이트 루 / 450g

우유 / 4ℓ

소금 / 약간

백후춧가루 / 약간

넛맥 / 약간

■ 만드는 법

1. 오일 또는 버터를 달군 다음, 양파를 넣는다. 약한 중간불에서 자주 저어가며 양파가 부드러워지거나 반투명해질 때까지 6~8분 동안 볶는다.
2. 양파에 루를 넣고, 루가 매우 뜨거워질 때까지 약 2분간 조리한다.
3. 팬에 우유를 조금씩 넣고 거품기로 응어리가 완전히 풀리도록 젓는다. 소스가 완전히 끓을 때까지 열을 가한 다음, 불을 낮추고, 소스가 부드럽고 되직해질 때까지 약 30분간 천천히 끓여 준다. 조리하는 내내 필요할 때마다 떠오른 불순물을 제거하면서 자주 젓는다.
4. 소금, 후춧가루, 그리고 넛맥으로 맛을 맞추고 간을 조절한다.
5. 물에 빨아서 두 겹으로 겹친 소창을 통하여 소스를 걸러 준다.
6. 소스는 이제 사용할 수 있도록 준비되었으며, 또한 나중을 위하여 차갑게 식혀서 보관할 수도 있다.

• 이 소스는 프랑스에서 베샤멜 소스(Bechamel Sauce)라고 한다.

소스 달인의 비밀노트

· 크림 소스를 만드는 방법은 모두 같으며 쓰는 용도에 따라서 묽은 것, 중간 것, 걸쭉한 것 등이 있는데, 이것은 밀가루의 양에 의해서 구분한다. 대개 중간 것이 버터 1에 밀가루 1/2을 기준한다.
· 크림 소스로서 생선이나 육류, 채소류를 코팅(Coating)하려면 평상시보다 농도가 조금 된 것이 좋다.
· 밀가루는 항상 체에 쳐서 사용하고 루는 볶은 다음 어느 정도 식힌 후 우유를 넣어야 덩어리가 생기지 않고 잘 풀린다.
· 경우에 따라서 양파, 정향, 고춧가루향(Cayenne Pepper) 등으로 맛을 돋군다.

퓨전 스타일 검은깨 크림 소스를 소개하면 다음과 같다.

1. 검은깨 크림 소스
(Sesame Seeds with Cream Sauce)

■ 재료

스파게티면 / 150g
올리브 오일 / 20㎖
다진 양파 / 20g
다진 마늘 / 20g
화이트와인 / 30㎖
새송이버섯 / 30g
느타리버섯 / 30g
양송이버섯 / 30g
생크림 / 250㎖
검은깨 간 것 / 50~80g
잣 간 것 / 10~20g
파마산 치즈 / 30g
소금 / 약간
후춧가루 / 약간

■ 만드는 법

1. 스파게티는 삶아서 준비한다.
2. 버섯은 먹기 좋은 크기로 다듬어서 준비한다.
3. 팬에 오일을 두르고 마늘, 양파를 볶은 후 버섯을 넣고 다시 볶은 다음 화이트와인으로 플람베한다. 와인을 모두 날려 보낸 후 생크림을 넣고 끓이면서 검은깨, 잣가루를 넣고 끓여서 소스를 완성한다.
4. 준비된 소스에 스파게티면을 넣고 파마산 치즈를 넣어서 마무리한다.

Secret Sauce of

토마토 소스의 비밀

요즘 토마토가 웰빙에서 중요한 부분을 차지하고 있다. 붉은 색의 대표적인 채소이기 때문이다. 한때 우리나라에서는 이 채소가 과일이냐, 채소냐 하면서 논란이 된 적이 있다.

토마토는 서양요리 소스에 꼭 필요하다. 특히 스파게티 소스에 가장 많이 이용된다. 그런데 이 소스의 단점은 소스를 만들어 놓은 지 하루가 지나면 색이 변해서 사용이 불가능해진다는 점이다. 어떻게 하면 색이 변하지 않는 토마토 소스를 만들어 볼까 생각하던 차에 미국 C.I.A. 요리학교를 한국인 최초로 졸업한 변영아 조리사를 만나 해결할 수 있었다. 이 사람은 경희호텔 경영전문대를 졸업한 후 80년대에 미국의 하얏트 호텔에서 15년간 근무하다가 현재 워싱턴 국회의사당 앞에서 식당을 운영하고 있다. 만나서 고민을 이야기하니 자기의 경험을 이야기해 주었다.

소스 색을 오래 보존하려면 먼저 재료의 선택이 중요하다.

첫째, 토마토는 나무에서 완전히 익은 후(붉은 색이 나야 함) 수확해야 하고, 만들 때 껍질과 씨를 꼭 제거해야 하며, 씨가 많으면 아무리 토마토 페이스트를 넣어도 붉은 색이 약해진다.

둘째, 용기의 사용에 주의해야 한다. 냄비는 주로 가벼운 알루미늄을 쓰는데 이것을 쓰면 소스가 검게 변한다고 한다. 꼭 스테인리스 냄비를 사용하고 향신료는 꼭 주머니에 담아 사용하는 것이 C.I.A. 요리학교 스타일이라고 한다. 왜 월계수잎, 바질, 오레가노를 소스에 그냥 넣지 않고 주머니에 싸서 넣는지 생각해 보니 소스의 색을 중시하기 때문이라는 것을 알았다.

토마토 소스는 신맛이 나므로 이상의 이야기가 맞는 것 같다.

이외에도 미국 C.I.A. 요리학교의 요리비결을 살펴보면, 육수를 필요로 하는 용기는 폭보다 깊이가 긴 용기가 국물의 증발이 적으므로 적합하다. 특히 크림 소스는 버터와 밀가루를 1 : 1로 볶은 후 우유를 데운 다음, 양파에 월계수잎을 끼우고. 클로버를 끼운 것을 담아서 향을 20분 정도 낸다. 그 다음에 그 우유를 루에 섞어서 크림 소스를 만든다. 그리고 우유를 중탕하여 중탕한 물을 끓이면서 크림 소스를 주걱으로 천천히 저어가면서 소스를 만든다. 이렇게 해야 루가 완전히 호화되어 맛이 있는 크림 소스로 변한다. 마지막으로 향신료 사용 시 직접 넣지 않고 향신료를 헝겊주머니에 넣어서 만든 스파이스 백(Spice Bag)을 사용한다.

C.I.A.에서는 과학적인 근거에 의한 합리적인 조리방법인 것을 우리는 비밀이라고 생각하는 것 같다.

01 파스타와 정통 호텔식 토마토 소스

■ 재료(산출량 : 4ℓ)

토마토 / 5kg 또는 캔 토마토 / 4kg
샐러드 오일 / 120㎖
다진 양파 / 30g
다진 마늘 / 30g
소금 / 약간
후춧가루 / 약간

■ 만드는 법

1. 향을 가진 재료들을 강한 불에서 볶거나 수분이 배어 나오도록 볶는다.
2. 토마토나 나머지 재료들을 넣고 자주 저어 주며 떠오른 불순물을 제거하고 조리기간 내내 맛을 보면서 완전하게 향이 우러날 때까지 천천히 끓인다(1시간 30분).
3. 소스 농도가 생기면 소금, 후춧가루를 넣어 마무리한다.
4. 마무리된 토마토 소스의 품질을 평가한다.

소스 달인의 비밀노트

· 요즘은 양파, 마늘을 버터에 볶다가(올리브 오일이 좋음) 토마토 캔에 들어 있는 것과 신선한 토마토를 넣어서 1시간 끓인 후 바질향, 월계수 잎을 넣어서 기본 소스로 만들어 사용한다.
· 절대로 체에 걸러서 사용하지 않는다.
· 모양도 주방장마다 개성 있게 썰어서 만든다.
· 토마토 페이스트는 최대한 적게 넣어야 텁텁해지지 않는다.
· 월계수잎 말린 것은 끓을 때 넣고, 생잎은 요리 나가기 직전에 넣는다.

02 만능 토마토 소스 (유명 식당의 비밀 레시피)

1. 퓨전 스타일 토마토 소스

■ 재료

토마토 홀(껍질을 벗겨 캐닝한 것) / 500g

베이컨 / 100g

마늘(샬롯) / 10g

양파 / 70g

토마토 페이스트 / 30g

월계수잎 / 2장

후레쉬 바질 / 2g

소금 / 약간

후춧가루 / 약간

■ 만드는 법

1. 토마토 홀을 씨를 빼고 손으로 곱게 으깬다.
2. 팬에 베이컨을 넣고 볶다가 베이컨 기름이 나오면 베이컨은 건져 내고 마늘, 양파를 넣고 갈색이 나도록 볶는다.
3. 양파가 투명해지면 토마토 페이스트를 1큰술 넣고 충분히 볶은 후에 준비된 토마토 홀, 월계수잎을 넣고 15~20분 정도 끓인다.
4. 소금, 후춧가루, 후레쉬 바질을 넣어 완성한다. 간은 약하게 하는 것이 좋다.

2. 유명 전문 식당 피자 소스

■ 재료(산출량 : 1ℓ)

토마토 / 700g

마늘 / 10g

다진 파슬리 / 5g

올리브 오일 / 10㎖

토마토 페이스트 / 100g

다진 양파 / 20g

소금 / 약간

후춧가루 / 약간

물 / 150g

always

■ 조리 준비 과정

1. 토마토는 끓는 물에 살짝 데친 후 껍질을 벗겨 씨를 제거하고 소스용으로 다진다.
2. 양파는 껍질을 벗겨 곱게 다진다.
3. 파슬리는 다져서 거즈에 싼 후 물에 적셨다가 꼭 짜서 사용한다.

■ 만드는 법

1. 냄비에 올리브 오일을 넣어 달군 다음 양파, 마늘 등을 넣어 연한 갈색이 나도록 볶는다.
2. 토마토 페이스트를 첨가하여 냄비 바닥에 눌러 붙지 않게 주걱으로 잘 볶다가 물과 토마토를 넣고 끓여 소금과 후춧가루 등으로 간을 맞추면 된다.

• 오레가노 향을 넣기도 한다.

3. 조우현 쉐프 스타일 마레 소스

■ 재료

스파게티면 / 150g
오징어 / 40g
새우 / 20g
다진 파슬리 / 0.2g
백포도주 / 10㎖
바질 / 0.2g
후춧가루 / 약간
토마토 소스 / 100㎖
관자 / 30g
다진 마늘 / 10g
올리브 오일 / 10㎖
버터 / 10g
소금 / 약간

■ 만드는 법

1. 스파게티면을 삶아서 준비한다.
2. 해물은 깨끗이 다듬어서 물기를 뺀다.
3. 팬에 올리브 오일을 두르고 마늘, 양파를 볶다가 모든 해물을 함께 넣고 볶은 후에 백포도주로 플람베한 다음 토마토 소스를 첨가한 후에 소금, 후춧가루로 간을 하여 소스를 만든다.
4. 준비된 소스에 스파게티면을 넣고 볶은 후 버터, 바질, 파슬리를 넣고 한 번 볶은 후 완성한다.

소스 달인의 비밀노트

· 해산물 스파게티는 토마토 소스와 크림 소스로 나눌 수 있으며 이탈리아의 대표적인 스파게티 요리이다. 우리나라에 가장 많이 알려진 스파게티로서 해물의 신선도와 마늘, 양파의 볶는 과정에서 맛이 많이 좌우된다. 마늘과 양파는 골드 브라운으로 볶아 주는 것이 중요하며 크림 소스일 경우에는 베샤멜 소스를 조금 첨가해 주면 느끼한 맛을 없앨 수 있다. (「요리와 소스」, p. 110에서 발췌)

03 파스타 식당에서 인기있는 7가지 소스 제조 비법

1. 토마토 소스(Tomato Sauce)

토마토가 들어간 소스는 다른 소스에 비해 가장 많이 쓰이는 소스 중 하나다. 토마토는 요리용과 소스용으로 구분해서 사용하는 것이 좋다. 소스용 토마토는 길쭉한 타원형으로 생긴 것을 고른다. 과육이 많고 씨와 수분이 적기 때문에 소스용으로 사용하기 좋다.

■ 재료

토마토 통조림 / 600g
양파 / 150g
셀러리 / 70g
당근 / 70g
마늘 / 30g
소금 / 5g
설탕 / 5g
올리브오일 / 30㎖
월계수 잎 1스푼

■ 만드는 법

1. 양파, 셀러리, 당근, 마늘을 썰어 냄비에 볶는다.
2. 「1」에 토마토 통조림과 올리브 오일을 넣고 저어가면서 약불로 천천히 끓인다.
3. 소금, 설탕, 월계수 잎을 넣고 주걱으로 계속 저어준다.
4. 고운천에 「3」을 거른다

2. 라구 소스(Ragu Sauce)

다진 고기를 토마토 퓌레와 함께 조리한 소스로, '볼로네즈 소스'라고 불리기도 한다. 라구 소스는 미트 소스 스파게티를 만들 때 주로 사용하며, 길고 굵은 파스타에 잘 어울리는 소스다.

■ 재료

다진 쇠고기 / 250g	셀러리 / 70g
다진 돼지고기 / 150g	토마토 페이스트 / 30g
베이컨 / 50g	레드와인 / 100㎖
마늘 / 20g	토마토 통조림 / 600g
양파 / 150g	올리브 오일 / 30㎖
당근 / 70g	소금 · 후추 · 파르메산 치즈 약간

■ 만드는 법

1. 양파, 셀러리, 당근, 마늘을 썰어 냄비에 올리브 오일을 넣고 볶는다.
2. 「*1*」에 베이컨을 다져 넣고 볶다가 다진 돼지고기와 쇠고기를 넣어 볶는다.
3. 토마토 페이스트를 넣고 볶은 다음 레드와인을 넣어 잡냄새를 없앤다.
4. 토마토 통조림을 넣어 휘휘 저으며 끓인다.
5. 소금과 후추로 간하고 마지막에 파르메산 치즈를 뿌려 완성한다.

3. 크림소스(Bechamel Sauce)

버터, 밀가루, 우유 등을 넣어 만든 소스다. 흰색 소스를 대표하는 기본 소스라고 할 수 있다. 버터와 밀가루를 이용해 루를 만들고 우유를 넣어 농도를 조절하면 된다. 크림처럼 부드러운 맛이 난다.

■ 재료

우유 / 200㎖	버터 / 15g
강력분 밀가루 / 15g	양파 · 넛멕 · 소금 · 후추 약간

■ 만드는 법

1. 밀가루는 체에 내려 준비하고 우유는 데운다.
2. 버터를 녹인 후 밀가루를 넣고 색깔이 변하지 않을 때까지 주의하여 볶는다.
3. 루가 되면 식혔다가 우유를 조금씩 넣으며 계속 저어준다.
4. 고운 체에 거른 다음 양파와 넛멕을 넣고 은근히 끓인다.
5. 소금, 후추로 맛을 낸 다음 천에 거른다.
6. 실온에서 완전히 식혀 사용한다.

4. 카르보나라 소스(Carbonara Sauce)

크림, 베이컨, 달걀, 파르메산 치즈를 섞어서 만든 소스다. 보통 '크림 소스' 라고 부르며, 이탈리아 전쟁 당시 비밀 결사대 카르보나라 당원들이 즐겨 먹던 스파게티 소스에서 유래된 것으로 전해진다. 크림의 고소하고 부드러운 맛, 베이컨의 훈제 향이 혼합되어 전 세계인들로부터 사랑받는 파스타 소스다.

■ 재료

생크림 / 250㎖
화이트 와인 / 10㎖
베이컨 / 15g
다진 양파 / 10g
다진 마늘 / 10g
파르메산 치즈 / 10g
다진 파슬리 / 0.2g
달걀(노른자) 20g
소금 · 후추 약간

■ 만드는 법

1. 팬에 베이컨을 볶아 기름을 뺀 후 마늘, 양파를 넣고 볶는다.
2. 화이트 와인을 넣고 졸인 후 생크림을 넣어 조금 더 졸여 소스를 만든다.
3. 소금, 후추로 간을 한 후 마지막에 불을 끄고 달걀, 파르메산 치즈, 파슬리를 넣고 잘 섞어 완성한다.

5. 봉골레 소스(Vongole Sauce)

봉골레는 이탈리아 어로 '조개' 를 뜻하며, 올리브오일과 바질 향이 나는 소스에 조개가 들어간 것이 특징이다. 크림 소스나 토마토 소스와 달리 담백하고 시원한 느낌을 준다.

■ 재료

조개 / 100g
조갯살 / 70g
다진 양파 / 10g
다진 마늘 / 10g
버터 / 10g
바질 / 0.5g
다진 파슬리 / 0.2g
조개 육수 / 50㎖
화이트 와인 / 50 ㎖
올리브 오일 / 10g
소금 · 후추 약간

■ 만드는 법

1. 조개는 해감해서 손질한다.
2. 올리브 오일을 두른 팬에 마늘, 양파를 볶다가 조갯살과 조개를 넣어 볶는다.
3. 「2」에 화이트 와인으로 플람베하고 조개 육수를 넣는다.
4. 소스와 면을 함께 볶으면서 소금, 후추, 올리브 오일, 버터, 파슬리, 슬라이스한 바질을 넣어 완성한다.

• 플람베 : 고기, 생선, 과자에 브랜디를 붓고 불을 붙여 눋게 하는 요리

6. 바질 페스토(Basil Pesto)

마늘, 바질, 올리브 오일, 파르메산, 치즈 등을 재료로 한 소스로 가열하지 않는 소스다. 바질 대신 우리나라의 향신 채소인 깻잎을 이용해 깻잎 페스토를 만들어 곁들여 먹어도 좋다.

■ 재료

다진 마늘 / 20g	올리브 오일 / 100㎖
잣 / 50g	파르메산 치즈 1/2컵
바질 / 60g	소금 · 후추 약간

■ 만드는 법

1. 달군 팬에 잣을 넣고 노릇하게 굽는다.
2. 믹서에 「*1*」, 마늘, 바질, 파르메산 치즈를 함께 넣고 간다.
3. 소금과 후추로 간하고, 농도를 확인하며 올리브 오일을 넣어 완성한다.

7. 푸타네스카 소스(Puttanesca Sauce)

토마토, 올리브 오일, 양파, 오레가노, 마늘, 앤초비 등을 재료로 한 소스로, 이탈리아 가정에서 요리할 때 흔히 사용한다.

■ 재료

다진 마늘 / 10g	케이퍼 / 10g
페페론치노 2g	앤초비 / 10g

방울토마토 4g	올리브 오일 / 10㎖
블랙올리브 4g	소금 · 후추 약간

■ 만드는 법

1. 앤초비와 케이퍼는 다지고 블랙 올리브와 방울토마토는 반으로 자른다.
2. 달군 팬에 다진 마늘을 볶아 향을 내고 「*1*」의 앤쵸비를 넣고 볶는다.
3. 「2」에 「*1*」의 올리브와 방울토마토를 넣고 볶는다.
4. 소금과 후추로 간하고 페페론치노를 넣어 완성한다.

조 우현, 최 희진의 파스타수첩에서 일부인용(2013, 우듬지)

버터 소스의 비밀 I

버터 소스는 더운 마요네즈로 정제버터와 계란 노른자를 혼합하여 만든 것으로, 생선이나 아스파라거스 등에 사용한다. 특히 정제버터를 잘 만들어야 하고, 노른자를 첨가할 때는 중탕해야 하지만 바쁠 때는 스테인리스 볼을 불 위에 직접 올려놓고 저어도 된다. 하지만 불이 세면 노른자가 익기 때문에 맨 마지막에는 소창에 걸러야 한다. 소스가 분리되면 찬물이나 얼음조각을 넣어서 저어 주면 된다. 소스 농도를 잘 맞추기 위해서 정제버터 넣는 시간조절을 잘 해야 한다. 요리에 쓰는 버터는 무염이 좋고, 중탕시킬 때는 저온(50℃)보다는 고온(80℃)이 소스를 만드는 데 유리하다.

이 외에 '홀렌다이즈 소스' 잘 만드는 비결을 살펴보면 다음과 같다.

- 버터를 냄비에 담아 은근한 불에서 끓여 불순물과 정제된 것을 구분하여 놓는다.
- 마늘, 양파를 다진 다음, 백포도주를 냄비에 담고 타라곤 월계수잎, 통후추, 골파, 식초 등을 넣고 졸여 놓는다.
- 계란 노른자에 버터 녹인 소스를 만드는 경우 중탕해야 하는데 직불에 올려놓고 만들 경우 불이 세면 계란이 익고, 약하면 소스가 엉기는 시간이 늦어진다. 하지만 소스를 빨리 만들려면 직불에 약간 익혀서 소창으로 거르는 것이 좋다.
- 버터 소스를 직접 만들 때에는 차분한 마음으로 요리를 해야 한다. 서두르면 소스가 분리되어 버리기 쉽다.
- 알루미늄 그릇은 소스를 회색으로 변질시킬 우려가 있으므로 스테인리스 볼이 좋다.

예전에는 크림 소스가 인기가 없었는데 요즘은 인기가 있다. 버터가 들어가 느끼한 맛 때문에 거부감이 많았지만 요즘은 냄비에 마늘, 양파 다진 것을 올리브 오일로 볶다가 크림을 넣어 졸여서 기본 소스로 하고, 크림 소스에 스파게티와 해물 등을 넣어 만들면 고소한 맛과 부드러운 맛이 일품이다. 이 소스는 크림을 10분 이상 끓이면 끈기와 향이 적어지고 소스가 분리되는 경우가 많다. 특히 후추는 통후추를 갈아 넣어야 향이 좋아진다.

오일 소스는 스파게티와 잘 안 어울릴 것 같지만 외국인들은 좋아한다. 이 소스는 바질을 갈아서 사전에 준비해야 하는데, 판매하는 곳이 적어 국내에서는 구입이 어렵다. 쉽게 만들려면 엑스트라 버진 올리브 오일로 양파와 마늘을 볶다가 다진 파슬리를 넣고 백포도주를 넣어 소스를 완성시킨다. 이상의 소스를 만들 때 주의할 점은 다음과 같다.

첫째, 불의 사용이 중요하다.

둘째, 향신료 사용에 신경써야 한다.

향신료는 생것, 말린 것, 가루 등이 있는데 여기에는 향의 차이가 있다. 몇 가지 알아두어야 할 것은 다임은 고기요리에 사용하고, 로즈메리는 양고기, 오리고기에 쓰는데, 발사믹 식초를 끓여서 만든 소스를 사용하는 요리에는 로즈메리를 주로 많이 쓴다. 세이지는 파스타(라비올리)에 주로 많이 쓰고, 오레가노는 피자에 꼭 들어가야 하는데, 생것은 드물고 말린 것을 주로 많이 사용하며, 과거에는 오레가노가 들어가지 않으면 피자가 아니었다고 했다.

바질은 이탈리아 모든 요리에 들어가야 할 정도이므로 화초 대신 집에서 재배하는 것도 좋을 것이다. 끝으로 토마토 소스는 사용 후 남으면 병에 담아 냉동시켜서 사용해도 무방하다.

01 홀렌다이즈 소스

■ 재료(1인분 : 60㎖)

계란 노른자 / 80g
정제버터 / 340㎖
레몬 주스 / 약간
소금 / 약간
후춧가루 / 약간
화이트 와인 또는 사이다 식초 500g, 잘게 다진 샬롯 12g과 통후추 5개로 만들어 졸인 용액

■ 만드는 법

1. 화이트 와인 또는 사이다 식초, 잘게 다진 샬롯과 통후추를 졸여서 용액 만들기
2. 졸여진 용액에 계란 노른자를 넣고 걸쭉하고 따뜻해질 때까지(145°F/63℃) 거의 천천히 끓여 준 물 위에서 거품기를 가지고 젓는다.
3. 따뜻한 버터 안에서 천천히 젓는다.
4. 맛을 위하여 간을 한다.
5. 완성된 홀렌다이즈의 품질을 평가한다.
6. 즉시 서비스하고 145°F/63℃ 정도의 온도를 유지하되 2시간 이상 방치해서는 안 된다.

소스 달인의 비밀노트

· 버터를 냄비에 담아 은근한 불에 끓여 불순물과 정제된 것을 구분하여 놓는다.
· 계란 노른자를 준비한다.
· 마늘, 양파, 그리고 후춧가루를 다진다.
· 백포도주를 냄비에 담고 타라곤, 월계수잎, 후춧가루, 골파, 식초 등을 넣고 졸여 놓는다.

· 계란 노른자에 버터 녹인 소스를 만드는 경우, 중탕을 시켜야 하는데 직불에 올려놓고 만들 경우 불이 세면 계란이 익고, 약하면 소스가 엉기는 시간이 늦어진다. 하지만 소스를 빨리 만들려면 약간 익혀서 거즈 헝겊으로 거르는 것이 좋다.

· 버터 소스를 직접 만들 때에는 차분한 마음으로 요리를 해야 한다.

· 서두르면 소스가 분리되어 버리기 쉽기 때문이다.

· 알루미늄 그릇은 소스를 회색으로 변질시킬 우려가 있다.

· 소스가 분리되었을 경우 소스가 차가우면 더운 물을 붓고 소스가 더우면 찬물을 첨가하여 저으면 다시 응고된다.

버터 소스의 비밀 Ⅱ

필자가 처음 일을 배울 때는 학교에서 김충호 교수님(그 당시 경희호텔경영전문대학)의 요리를 배웠다. 그 후 미대사관에서 김방원 이사님에게 요리를 사사받았다. 두 분의 요리 스타일은 특징이 있었다. 김충호 교수님은 미국 C.I.A.에서 교육을 받아 호텔의 요리를 지도하셨지만, 김방원 이사님은 서울의 전문 레스토랑에서 확실한 이론과 실기를 바탕으로 많은 요리를 가르쳐 주셨다.

그 다음 분은 하얏트호텔의 박봉수 조리장님인데, 이 분은 영어가 유창하고 미국에서 유람선을 오래 타고 요리를 공부하신 분이며, 아주 자상하게 요리를 지도해 주셨다. 그 당시 책임자는 외국인들이었는데, 통역은 물론 외국인이 만들어내는 메뉴를 소화하는 사람은 이 분뿐이었다고 생각되었다.

이 분은 프랑스 사람들이 요리의 바이블처럼 생각하는 책을 가지고 계셨으며, 이상한 메뉴가 나오면 책을 보고 응용하여 요리를 만드셨다. 이 분에게 3년간 요리를 배운 후 신라호텔의 박명선 이사님에게 몇 년을 사사받았다. 그 당시 프랑스 유학을 보내 주신 것도 이 분의 은혜로 생각한다. 이 분은 그 당시 영어 · 일어가 능통하고 대학원까지 수료한 인텔리 조리사이다. 조리사협회 회장으로도 오랜 기간 동안 근무하셨다.

1981년, 프랑스 식당에 배치받아 일을 해보니 만만치 않았다. 그동안은 영어를 쓰는 사람들에게만 교육받다가 불어 중심의 일본인 조리사들에게 배우려니 모든 것이 어설펐다. 첫째, 용어가 생소했고, 둘째, 회사마다 정서가 다르지만 신라호텔의 정서는 독특했다. 하얏트와 비교해 보면 그 당시 이곳은 규율이 엄격했다. 계급의 구분과 업무가 정확했다. 예를 들어, 소스는 주방장, 수프 준비는 부주방장, 물건 수령과 그릇 닦는 것은 당연히 초보 조리사들의 업무였다. 신라호텔에 오기 전에는 그릇을 닦는 것은 당연히 그릇 닦는 부서의 일로만 알았다. 처음에는 고전을 많이 했다. 특히 영업시간에 고참이 메뉴를 부르면 각자가 자기의 업무를 수행해야 하는데, 메뉴를 알아듣지 못해 고생이 보통이 아니었다. 그 중 몇 개를 소개하면, 니 오다(New Order), 이것은 새로운 주문이라는 뜻인데, 계속 '니 오다' 하니 처음에는 '니 오다' 라는 요리가 있는 줄 알았다.

초보 조리사 때는 홀렌다이즈 소스를 만들라고 선배가 얘기하면 왜 그렇게 불안했는지 모른다. 아마도 실수할 확률이 높아서일 것이다. 이 소스는 보관할 때도 조심해야 한다.

따뜻한 곳(60～70℃)에 두면서 필요할 때 사용하는 것이 좋다. 그리고 아스파라거스나 브로콜리 채소 위에 소스를 얹어서 살라만더에 색을 낼 때, 소스의 농도가 좋지 않으면 색도 안 나고 분리되는 경우가 참 많다.

또 다른 것은 생선 소스의 버터 소스가 베르 블랑(Beurre Blanc)인데, 일본식으로 블루 블랑이라고 하니 알아들을 수 없어 고생했다. 그리고 베르 블랑 소스 만드는 요령이 없어 고생을 많이 했다. 문제점을 해결하기 위해 연구를 한 후, 소스 만드는 비결을 정리해서 후배들에게 가르쳐 주니 업무 효율도 높아지고 선후배 관계가 좋아지는 것을 보고면 훗날 나는 소스 비법을 모두 공개하고자 결심했다. 그 당시 연구한 것을 소개하자면 다음과 같다.

· 버터 소스는 식었다가 다시 데우면 분리된다. 버터에는 무염, 가염이 있는데, 무염버터를 사용하는 것이 이상적이다. 버터를 장시간 녹여 보관하면 냄새가 나므로 조심해야 한다.
· 소스를 만들 때 분리되는 것을 방지하기 위해 생크림을 졸여서 사용하는데, 우유를 첨가하면 금방 분리가 된다. 버터 소스에는 동물성 생크림을 사용해야 한다.
· 외국은 Double 생크림을 많이 사용하기도 한다.

· 소스 온도는 60℃ 정도가 좋으며 온도가 떨어지면 버터가 분리된다.
· 온도가 높아도 버터는 분리된다.
· 포도주를 졸일 때 크림을 약간 넣어 같이 졸여 소스를 만들면 장시간 보관이 가능하다. 이 소스는 그날그날 만들어야 한다. 남는 소스는 냉동시켰다가 버터 소스에 재사용해도 되는데, 식초의 양을 조절해야 한다. 달팽이 버터 등에 써본 경험이 있다.

01 마요네즈 (Mayonnaise sauce)

■ 재료(산출량 : 1ℓ)

계란 노른자 / 80g
겨자 / 10g
식초 / 2g
샐러드 오일 / 1ℓ
레몬 주스 / 2g
소금 / 약간
후춧가루 / 약간

■ 만드는 법

1. 계란 노른자를 준비한 다음 겨자, 소금, 후춧가루 등을 용기에 담는다.
2. 거품기로 한 방향으로 계속 젓는다.
3. 완전히 섞은 다음 샐러드 오일을 첨가한다.
4. 진한 크림 상태가 되면, 레몬 주스를 넣어 향기를 좋게 한다.
5. 마무리로 후춧가루와 올리브 오일 또는 참기름을 한 방울 떨어뜨리면 완성된다.

소스 달인의 비밀노트

· 마요네즈는 냉동시키면 안 된다.
· 농도가 너무 묽으면 소스를 만들기가 어려우므로 조금 걸쭉한 것이 좋다. 드레싱(Dressing)으로 사용할 때에는 식초를 첨가하여 묽게 한다.
· 기름 넣는 속도와 젓는 속도가 같아야 한다.
· 마요네즈는 계절에 따라 만드는 요령이 다르다(기름 온도가 중요).
· 여름에는 바닥에 얼음을 깔고 겨울에는 실내온도의 기름이 적당하다.
· 마요네즈가 분리되면 더운 물을 넣어 저어 주면 크림 상태가 다시 이루어진다.
· 마요네즈를 기계로 돌려 만들 때 기계에 시간을 맞추어 놓았는데, 기름은 계속 나오고 기계는 돌아가지 않아 소스를 망치는 경우가 많다.

· 마요네즈는 식용유 대신 포도씨 오일이 맛이 더 좋다.
· 마요네즈에 쓰는 올리브 오일은 진하지 않은 것이 좋다.
※ 마요네즈는 스테인리스 그릇으로는 만들 수 없다.
※ 씨겨자는 스테이크를 찍어 먹기에 적당하다(디종 겨자).

1. 마요네즈를 응용한 홀스래디시 소스

■ 재료

위에서 직접 만든 마요네즈 / 100g
다진 홀스래디시(생와사비) / 5g
소금 / 약간
후춧가루 / 약간

■ 만드는 법

1. 마요네즈(직접 만든 것) 100g에 다진 홀스래디시 1Ts을 넣고 잘 섞는다. 이때 홀스래디시는 생크림 1Ts과 물, 소금을 같이 섞는다.
2. 소금, 후춧가루를 조금씩 넣어 간을 맞추어 완성한다.

샐러드 드레싱의 비밀

이탈리안 드레싱은 식초 드레싱의 일종이다. 이것은 식초에 향신료와 채소를 넣어 만든 것이다. 선호하는 손님들이 적기 때문에 주방에서 만들기보다는 대개는 제품으로 나온 것을 사용한다.

호텔에 근무할 때, 청와대 출장을 가면 꼭 가져가야 하는 소스가 있었는데, 그것은 플라스틱 통에 담겨 있는 위시본(Wish Bone)이란 수입품이었으며, 특히 전 전두환 대통령 영부인이 좋아했다.

이 소스는 식초 맛이 강한 특징을 가지고 있다. 샐러드에 곁들이면 상큼한 맛이 나는데, 원래 외국에서는 우리와 같은 양조식초를 사용하지 않고 과일식초를 주로 사용하며 포도, 복숭아 등을 이용한다. 요즘은 우리도 감식초를 쓰지만 드레싱에는 감식초가 적당하지 않으며, 특히 외국인들의 입맛에는 익숙하지 않다. 원래 식초 드레싱은 식초와 기름이 3 : 1 비율이 정설로 되어 있다. 우리나라는 양조식초이므로 5 : 1 정도로 넣어야 맛이 적당하다.

기름은 고급일 경우 올리브 오일을 쓰지만, 우리나라는 주로 샐러드 오일을 많이 사용한다. 맛있는 식초 소스는, 오일을 믹서에 넣고 돌리다가 식초를 넣어서 만들면 분리가 잘 안 되고 고급스러워진다. 그리고 기름은 뚜껑을 꼭 덮어서 보관해야 한다. 식초는 사용하다 보면 신맛이 없어지므로 레몬 주스와 함께 레몬을 1/2로 잘라서 소스에 첨가하는 것도 방법이다.

유럽에서는 드레싱이란 용어보다는 소스라는 용어를 주로 사용하는데, 아마도 드레싱은 영어이고 소스는 전 세계 사람들이 사용하기 때문인지 모른다. 일부 조리사들은 식초 소스에 양파와 마늘을 갈아 넣어 만들기도 한다. 예전에 이탈리아 대사관의 파티에 자주 출장을 간 적이 있는데, 이들은 이탈리안 드레싱에 대해 별로 신경 쓰지 않았으며, 올리브 오일을 많이 사용하고 있었다. 그리고 토마토에 바질을 넣고 샐러드에 곁들이면서, 이것이 이탈리안 드레싱이라고 하는 이야기를 듣고 의아해했다.

옛날에는 양식당에 가면 꼭 멕시칸 샐러드라는 것이 있었다. 이것은 햄, 채소, 치즈, 양배추 등을 썰어서 마요네즈에 버무린 것인데, 멕시코 사람들은 멕시칸 샐러드를 모르고 있어서 아이러니했다.

얼마 전 소스 아카데미에서 샐러드 소스 강의가 있었다. 이 날 강사는 장병동 씨로, 프랑스에서 3년 정도 요리공부를 하고 귀국하여 숙명여대 꼬르동 블루 요리학교에서 강의하고 있다. 장병동 씨를 알게 된 것은 10여 년 전이었는데, 꾸준히 프랑스 요리에만 전념하는 것을 보고 요즘 젊은 사람 같지 않다는 생각을 하게 되었다. 강의 첫 시간, 소스와 드레싱에 대한 설명과 함께, 샐러드 소스는 아무리 잘 만들어도 상추가 시들거나 깨끗하지 않으면 안 된다고 한다. 상추를 뜯어서 2~3번 씻어 냉장고에 보관했다가 샐러드가 사각사각한 맛을 내야 소스가 돋보인다고 한다. 프랑스에는 프렌치 소스가 없고 프랑스 이외의 나라에는 존재한다는 것이다. 좋은 샐러드는 지역에서 생산되는 재료를 가지고 만든 샐러드가 우수한 것이다. 요즘 유럽에서는 샐러드에 소스는 제공하지 않고 소금, 후춧가루, 과일식초, 올리브 오일만을 식탁에 제공한다고 한다. 손님이 직접 양념을 해서 먹는 집이 고급식당이라고 한다.

재미있는 것은 엑스트라 버진 올리브는 소스가 무거운 느낌이어서 샐러드 소스에 좋지 않다는 것이다. 식용유나 일반 올리브 오일(퓨어)이 맛이 좋다. 샐러드 오일로 소스를 만들고 마지막에 올리브 오일을 넣어서 사용하는 것이 좋다고 한다. 올리브 대신 참기름 한 방울을 넣는 것도 좋을 것이라고 생각한다. 외국인들은 참기름 한 방울의 맛을 신비한 맛이라고 한다. 그러고 보니 샐러드 소스도 한식과 접목하면 다양한 소스가 만들어질 것 같다. 식초, 식용유 비율은 1 : 2~3배 정도의 오일이 필요한데, 동양인은 식초가 강한 것을 선호한다. 마늘을 사용할 때는 마늘 껍질이 있는 것이 좋다고 한다. 이유는 껍질이 벗겨진 것은 향이 적기 때문이라는 것이다. 그리고 마늘을 올리브 오일에 넣은 것을 사용하면 올리브 오일에 마늘향이 배어서 맛이 좋아진다. 샐러드 소스는 볼에 소금, 후춧가루를 넣고 식초로 녹인 다음에 오일을 넣는 것이 좋다. 헤이즐넛 오일은 가금류에 적합하고 마요네즈 계통 소스는 생선류에 적합하다. 훈제 연어, 양상추에 마요네즈를 넣고 버무리면 맛이 고소하고, 훈제 연어의 짠맛이 어우러져 전채 스타일의 샐러드가 된다.

이 샐러드는 안양 골프장에 가서 먹어본 기억이 나는데, 양지머리 곰탕과 같이 먹을 때 제맛이 난다. 요즘은 생크림을 졸인 다음 레몬즙을 넣은 것으로 소스를 마요네즈 대신 사용하기도 한다.

한식에서는 마요네즈에 와사비 넣은 것을 소스로 사용해도 좋을 것이다. 마요네즈는 원래 실온에 보관해야 하는데, 포도씨 오일을 사용했을 경우는 냉장고에 보관해도 굳지 않는다고 한다. 끝으로 샐러드 소스는 소스 만드는 사람과 같이 대화하면서 만들어야 실패하지 않는다. 굉장히 의미심장한 이야기이다. 소금, 후춧가루, 겨자를 넣고 많이 저어 준 다음에 계란 노른자를 넣어 크림상태가 되면 둥글게 젓거나 팔자를 쓰는 방향으로 저어 주면 된다. 만들다가 힘이 들면 오일을 넣고, 70~80% 굳어지면 식초를 넣어 흰색이 나게 만들면 된다. 식초를 넣는 이유는 보관을 용이하게 하거나 엉기게 하는 역할을 하기 때문이다. 스테인리스 볼에 스테인리스 거품기 사용은 마요네즈 만드는 데 좋은 기구가 아니며, 유리 · 도자기 그릇이 이상적이라고 한다.

01 프렌치 드레싱

■ 재료(산출량 : 1ℓ)

식초 / 300mℓ
샐러드 오일 / 900mℓ
후춧가루 / 약간
겨자 / 5g
소금 / 약간

■ 만드는 법

1. 스테인리스 그릇(Bowl)과 샐러드 오일(Salad Oil)을 준비한다.
2. 샐러드 오일(Salad Oil)을 그릇에 담고 젓다가 식초를 첨가한다.
3. 겨자, 소금, 후춧가루, 설탕 등을 넣고 간을 맞춘다. 혼합이 잘 되게 거품기로 잘 섞는다.
4. 기름, 식초가 완전히 엉겼을 때 소스의 마무리를 한다.

소스 달인의 비밀노트

· 소금, 겨자, 후춧가루 등은 먼저 넣는 것이 잘 풀리고 좋다.
· 식초가 들어가는 소스는 레몬을 넣어도 무방하다.
· 소스를 만들 때 식초, 기름이 분리되면 안 된다.
· 식초와 오일 드레싱은 포도 식초(Wine Vinegar)를 이용해도 좋다.

(1) 숙명여대 꼬르동 블루 스타일 프렌치 드레싱

■ 재료

쉐리와인 비니거/ 20mℓ
소금 / 약간
식용유 / 60mℓ
샬롯 / 70g
디종 머스터드 / 10g
후춧가루 / 약간
양파 / 30g
Pure Olive Oil / 약간

■ 만드는 법

1. 볼에 쉐리와인 비니거 20㎖와 디종 머스터드 1Ts을 넣어 충분히 저어 섞는다.
2. 「*1*」에 소금을 넣어 완전히 녹을 때까지 저어 주고 후춧가루를 조금 넣는다.
3. 식용유 60㎖를 「2」에 천천히 넣어 주면서 분리되지 않게 계속 젓는다.
4. 「*3*」에 양파를 다져 넣고 샬롯 1/2개를 잘 다져서 첨가한다.
5. 마무리에 Pure Olive Oil을 조금 더 넣어 완성한다.

소스 달인의 비밀노트

· 위의 소스에 양파를 넣지 않고 저장하면 1주일 정도 보관이 가능하나 양파를 넣으면 2일 정도 지나면 사용할 수 없다.
· Olive Oil Extra Vergin Oil은 찬 요리에는 어울리지 않는다.
  - 압착 Oil이라서 가열하지 않은 것이다. Pure Oil보다는 걸쭉하다.
  - Pure Oil은 찬요리에 어울린다.
· 샐러드 소스의 식초와 오일의 비율은 대부분 1 : 2~3이 좋다.
· 식용유와 올리브 오일의 비율은 2 : 1 또는 3 : 1 정도가 좋다.
· 샐러드는 채소를 가장 최고의 상태로 준비하는 것이 관건이다.
· 양상추는 생크림 레몬 주스 소스가 잘 어울린다.
· 채소는 상에 내기 전에 밑간을 살짝 하는 것이 좋다.

02 인기 샐러드 드레싱 8가지 제조 비법

1. 해물 샐러드와 매실 드레싱

■ 재료

소라 / 30g
관자 / 30g
해파리 / 30g
칵테일 새우 / 20g
갑오징어 / 30g
양파채 / 60g
깻잎채(시소) / 5g
무순 / 10g
우메부시 드레싱 / 80㎖

■ 우메부시 드레싱 재료

우메부시 / 200g
혼다시(파우더) / 10㎖
간장(깅코망) / 15g
식초 / 70g
올리브 오일 / 250g
설탕 / 25g
양파 / 70g
피망 / 10g
올리브 / 10g
마늘 / 5g
물(농도조절) / 약간

■ 만드는 법

1. 양파 1개에 시소 2장을 최대한 얇게 썰어서 양파는 물에 담구어 매운 맛을 없애고 싱싱하게 건진 다음 시소와 무순에 섞어서 해물과 같이 사용한다.
2. 위의 재료를 적당히 섞어서 사용한다.

2. 발사믹 드레싱(Balsamic Dressing)

■ 재료(산출량 : 200㎖)

발사믹 식초 / 30㎖	올리브 오일 / 120㎖
다진 양파 / 30g	다진 차이브 / 5g
닭 육수 / 20㎖	소금 / 2g
후춧가루 / 1g	

■ 만드는 법

1. 양파는 곱게 다져 흐르는 물에 헹구어 물기를 꼭 짜서 준비한다.
2. 믹싱 볼을 준비하여 양파 다진 것을 넣는다.
3. 발사믹 식초를 넣는다.
4. 소금, 후춧가루로 간을 한다.
5. 올리브 오일을 넣고 잘 젓는다.
6. 사용 직전에 차이브(실파)를 넣는다.

● 샐러드, 전채에 많이 사용한다.

소스 달인의 비밀노트

· 발사믹 드레싱은 거봉 1kg에 설탕 100g을 넣어 숙성과정을 거쳐 장기간에 걸쳐 만들어지는 세계 최초의 이탈리아 식초로 알려져 있다.

· 필자가 발사믹 식초를 만들어 보려고 거봉을 3년째 병에 담아놓고 있는데, 언젠가는 한국산 발사믹 식초를 만드는 것이 나의 소원이다.

· 발사믹 드레싱은 더운 요리, 전채, 샐러드 등에 다른 소스와 같이 사용하면 맛이 독특하고 향이 좋아 특이한 요리를 선호하는 식도락가들은 발사믹 소스를 좋아한다.

3. 모듬 과일을 곁들인 허브 드레싱

■ 재료

레몬 / 1개
사과 / 245g
꿀 / 20g
오렌지 주스 / 30㎖
바질 / 약간
토마토 / 50g
파마산 치즈 / 10g
키위 / 200g
올리브 오일 / 100㎖
만다린 오렌지(감귤 통조림) / 100g
라벤더 / 약간
파슬리 / 약간
마늘 다진 것 / 5g
양파 / 50g

■ 만드는 법

1. 레몬 1개를 즙을 짜서 준비한다.
2. 키위와 사과는 작은 큐브모양으로 썰어서 준비한다.
3. 만다린 오렌지는 과일과 같은 크기로 썰어 둔다.
4. 허브는 곱게 다진다.
5. 오렌지 주스를 잘박하게 붓고 토마토, 소금, 올리브 오일, 허브 다진 것, 파슬리, 레몬즙, 꿀을 넣어 준비한다
6. 껍질 벗긴 토마토를 썰어서 접시에 담고 파마산 치즈를 삼각형으로 썰어 토마토와 함께 장식한다.
7. 양파와 바질은 곱게 채 썬다.
8. 만들어 놓은 소스를 토마토 장식 위에 끼얹고 채 썬 바질을 위에 얹는다. 접시 가운데에 채 썬 양파를 얹어 마무리한다.

4. 만다린 드레싱(Mandarin Dressing)

■ 재료

밀감 통조림 / 100g
기꼬만 간장 / 45㎖
참기름 / 5㎖
꿀 / 20g
다진 양파 / 약간
마멀레이드 / 20g
오일 / 30㎖
레몬 주스 / 15㎖
다진 마늘 / 약간
생강가루 / 약간

■ 만드는 법

1. 밀감 통조림은 손으로 으깬다.
2. 마멀레이드와 마늘, 양파 다진 것과 생강가루, 고운 고춧가루를 넣고 젓는다.
3. 「2」에 기꼬만 간장, 오일, 참기름, 레몬 주스 또는 레몬 1/2개 즙과 꿀을 넣어 완성한다.

소스 달인의 비밀노트

· 이 드레싱은 레몬 간장 드레싱이라 하며 레터스와 잘 어울린다.
· 염도는 간장으로 맞추는 것이 특징이다.

5. 레드 비트 드레싱

■ 재료

통마늘 / 20g
쉐리와인 식초 / 50㎖
소금 / 약간
Pure Olive Oil / 200cc
비트 주스 / 100㎖
후춧가루 / 약간

■ 만드는 법

1. 통마늘은 겉껍질만 벗기고 깨끗이 씻어 물기를 잘 닦은 다음 올리브 오일을 붓고 100℃ 오븐에서 2~3시간 반 정도 데운다(절대 끓어서 마늘이 익으면 안 됨). 사용할 때는 완전히 식혀서 쓴다.
2. 믹싱 볼에 소금과 후춧가루를 넣는다.
3. 쉐리와인 식초 50㎖와 비트 주스 100㎖를 「*1*」에 넣고 잘 젓는다.
4. 「*3*」에 마늘향 우린 오일을 넣는다.

소스 달인의 비밀노트

· 쉐리와인은 알콜 40°와 높은 당도를 가지고 있다.
· 쉐리와인 식초는 산도가 가장 높다.

6. 닭 육즙을 곁들인 비네그레트

■ 재료

닭 날개 / 600g
헤이즐넛 오일 / 100㎖
식초 / 50㎖
샬롯 또는 양파 / 80g
파슬리 줄기 / 약간
닭 육즙 / 100㎖
통마늘 / 20g
소금 / 약간
후춧가루 / 약간
월계수잎 / 약간

■ 만드는 법

1. 넓은 팬에 식용유를 조금 두르고 닭 날개에 살짝 소금간을 한 다음 팬에 눌어붙게 열을 가한다.
2. 충분히 갈색으로 눌어붙었으면 기름을 부어낸다.
3. 샬롯을 굵게 썰고 통마늘을 껍질채 넣어 소금간을 하여 볶는다.
4. 파슬리 줄기와 월계수잎, 닭 날개를 「3」에 넣고 같이 볶는다(채소가 타지 않으면서 향을 내도록 한다).
5. 충분히 볶아졌을 때 찬물을 자작하게 붓고 눌어붙은 것을 긁어 떼어 낸다.
6. 다 긁어 떼어 낸 다음 20~25분 정도 뭉근한 불에서 끓인다.
7. 「6」을 고운 체에 밭쳐 거른다.
8. 「7」을 다시 가열하여 졸인다.
9. 다른 볼에 소금, 후춧가루를 넣고 식초 50㎖를 넣고 잘 저어 녹인다.
10. 헤이즐넛 오일 100㎖를 「9」에 넣고 잘 젓는다.
11. 「8」의 졸인 육즙 100㎖를 넣고 잘 섞는다.

소스 달인의 비밀노트

· 닭 육즙이 프랑스 요리의 핵심이다.
· 이 소스는 샐러드뿐만 아니라 고기 소스로도 이용된다(특히 거위간, 안심 소스).

7. 레몬 드레싱(가장 많이 이용)

■ 재료

레몬 / 1개	꿀 / 20g
식초 또는 사과식초 / 20㎖	소금, 후춧가루 / 약간
Pure Olive Oil / 약간	White Wine / 약간

■ 만드는 법

1. 볼에 레몬 1개를 체에 밭쳐 즙을 짜서 넣는다.
2. 소금과 후춧가루를 조금씩 넣고 잘 젓는다.
3. 꿀을 넣고 다시 잘 젓는다.
4. Pure Olive Oil을 조금씩 넣으면서 분리되지 않게 계속 젓는다.
5. White Wine, 식초 또는 사과식초를 「*4*」에 첨가한다.
6. 후춧가루와 소금으로 마지막 간을 한다.

소스 달인의 비밀노트

· 위의 소스에는 잎상추나 보드라운 채소, 해산물 샐러드, 자숙문어에 사용한다.

· 미국은 마요네즈 응용 소스가 발달되어 있고, 유럽은 식초와 오일 드레싱이 발달되어 있다.

8. 한국식 발사믹 드레싱

■ 재료

발사믹 식초 / 80㎖
올리브 오일 / 250㎖
꿀 / 약간
소금, 후춧가루 / 약간

■ 만드는 법

1. 발사믹 식초 80㎖를 볼에 넣고 소금, 후춧가루를 잘 녹인다.
2. 올리브 오일 250㎖를 「*1*」에 넣어 잘 섞는다.
3. 맛을 보고 꿀을 조금 첨가하여 농도를 맞춘다.

소스 달인의 비밀노트

· 통삼겹살을 발사믹 식초와 White Wine에 하룻밤 재웠다가 용출된 액에 그대로 삶아서 썰어 다시 구우면 일품요리가 된다.

· 발사믹을 계속 졸여서 물엿 상태로 만들어 쓰기도 한다.

Secret of Sauce

디저트 소스

디저트 소스는 스위스 그랜드에서 제과장 일을 10여년 한 최효근 제과장의 글을 수록한 것임을 밝힌다.

1. 소스의 제왕 바닐라 소스의 비밀

바닐라 소스(Vanilla Sauce)는 16세기 유럽의 세계정복시대에 만들어졌다. 중남미를 공략하고 잉카제국을 멸한 이들은 원주민이 치료용으로 쓰는 약초 바닐라차를 즐겨 먹는 것을 보고 유럽으로 가져와 식용으로 사용할 수 있는 방법을 고안하기 위해 갖가지 방법으로 실험하게 되었다. 그 중에 바닐라 초콜릿이 가장 맛과 풍미가 잘 어울린다고 보고 바닐라 초콜릿을 널리 사용하게 되었다. 바닐라 소스는 액체 바닐라 초콜릿이라고 할 수 있다. 배합표를 보면 노른자, 우유, 설탕이 포함되어 있다. 이것은 아이스크림 배합과 같다. 아이스크림은 초콜릿 맛을 얼린 것이라 해도 좋을 것 같다.

그 후 허브(향신료)를 이용한 약용건강식 디저트 소스가 널리 퍼져 있다. 그 당시 서구인도 우리가 요즘 건강식을 찾는 것과 같은 정서와 식문화의 욕구와 수준을 가지고 있다고 볼 수 있다. 현재 우리가 퓨전이나 한방 등 새로운 시험을 시도하는 것은 식문화를 뒤돌아볼 수 있는 여유와 시간이 없었다는 말과도 같다.

'허브의 소스', '웰빙의 소스'가 숨어 있는 바닐라 소스, 그들이 그토록 바닐라에 집착하고 모든 요리에 향신료 역할과 감초 같은 역할을 담당하는 숨은 이유가 여기에 있다. 양과자에 소스가 곁들여지면 디저트라 한다는 말의 이유가 바로 그것이다.

솔직히 바닐라 소스 모체는 앵글레즈(Anglaise) 소스에서 파생된 것이다. 앵글레즈는 원래 불어로 영국이라는 뜻이다. 그래서 제과 주방에서는 디저트 소스의 제왕이 앵글래즈라고 한다.

슈크림하면 누구나 알 수 있는 크림이 앵글레즈 소스의 기본 반죽이다. 재료 표는 커스터드 크림이 전부이며, 만드는 법은 우리나라의 식으로 '풀을 쑨다.' 라고 보면 된다. 영국의 대표적인 소스이며 양과자 최고의 소스이다. 하나 더 붙이면 양과자의 기본이라 할 수 있다. 밀가루, 계란, 우유, 설탕이 혼합되어 커스터드라는 고유명사의 크림이 된다.

이것의 유래는 중세 영국에서 항해 중 식량이 떨어졌을 때, 마침 선장이 배 안의 식자재를 모두 모아 끓여 요리를 하고 연명하며 무사히 귀항했다는 이야기에서 비롯되었다. 언뜻 임진왜란 때 선조가 피난시절 묵어라는 생선을 먹고 귀환하여 다시 찾았지만 맛이 없자 다시 도로 묵어라 했다는 이야기와 유사하다. 이들은 단팥죽 같은 맛을 계속 잊지 못해 영국의 대표적인 요리로, 세계의 요리로 계승 · 발전시켰던 것이다.

이 소스의 비밀을 하나씩 밝혀 보는 일도 재미있는 일이다. 먼저 디저트의 기본 요리는, 푸딩류, 케익류, 아이스크림류, 파이류, 젤라틴류, 셔벗류, 치즈류, 과일류 등 8가지 기본 형식으로 분류할 수 있다.

푸딩류를 보면 크리스마스 축제 음식 중 영국을 대표하는 음식으로, 커스터드 소스를 계란찜하듯이 찜하는 요리라 할 수 있다.

그 종류가 과일, 젤라틴 등 많은 종류와 다양성을 지니고 한 해를 마무리하는 송년요리로 즐기고 있다.

파이류를 보면 파이의 소스는 과일류, 곡류에 커스터드 크림을 혼합해 굽거나 익혀 만든 디저트라 할 수 있다.

이렇게 본다면 디저트라는 요리의 주종을 이루는 제품요리에 커스터드 소스가 차지하는 부분이 전부라 해도 과언이 아니다. 슈 껍질에 충전물로써의 슈크림이라 하고, 디저트 기본 재료로써의 커스터드 크림 소스의 활용가치의 효율성은 무한하다고 할 수 있다. 자존심 있는 프랑스에서는 English Sauce를 앵글레즈 소스라고 해서 찬 소스와 더운 소스로 분류한다. 그들은 이것을 활용하여 자기화하는 데 성공했다고 할 수 있다. 김치를 기무치라 하는 일본사람의 심리와 같다고 하겠다.

오랜 세월 디저트에서의 앵글레즈 소스는 디저트의 제왕으로써 군림했다고 할 수 있다. 영국의 요리와 프랑스의 요리에서 세계인이 즐겨 찾는 이 소스의 비밀을 이해하지 못한 사람은 디저트를 안다고 말할 수 없을 것이다.

01 바닐라 소스(Vanilla Sauce)

■ 재료(산출량 : 2ℓ)

계란 노른자 / 240g
설탕 / 250g
우유 / 1ℓ
바닐라 / 20㎖

■ 만드는 법

1. 노른자, 설탕, 녹인 버터를 스테인리스 볼에 넣고 거품기로 잘 저어 혼합시킨다.
2. 우유를 90℃ 정도 끓여, 준비한 소스에 조금씩 넣으면서 잘 혼합한다.
3. 완전히 섞이면 올려놓고 은근히 가열한다(80~90℃ 정도).
4. 주걱에 묻은 소스 농도를 잘 관찰하여 끓기 직전에 꺼내 바닐라향을 넣어 사용한다.

- 민트 소스는 바닐라 소스 1ℓ에 민트 술 100㎖와 초록색 색소를 약간 넣어 사용한다.
- 중탕시키지 않고 일반적으로 소스 농도를 보아 사용하는 경우가 많다.
- 용도는 더운 앵글레즈와 비슷하다.
- 사용하는 용도에 따라 럼을 넣기도 한다(이외의 리큐어를 주방장 임의로 넣을 수 있다).

소스 달인의 비밀노트

· 앵글레즈 소스를 만들 때 불 온도가 높아서 계란 노른자가 모두 익어 거칠어지는 경우가 있다. 이때는 헝겊으로 걸러서 쓰면 된다.
· 소스는 만들어 본 경험이 많아야 실수를 안 한다. 처음 만들 때는 누구든지 두려워하지만 반복적으로 연습을 하게 되면 요령이 생기게 된다.

Grand Marnier

2. 이브의 소스, 과일 소스의 비밀

태초에 사과를 먹고 원리의 사슬에 묶였다는 과일을 갈아서, 꿀이나 설탕물 향을 첨가해 완전히 혼합하거나 Fresh하게 섞어 만든 것을 사과 소스라 한다면 이를 이브의 소스라 칭해도 어울릴 것이다. 그리고 이것을 과일 소스라 한다.

그러면 서양 사람들은 왜 과일 소스를 즐겨 사용하고 만들어 먹는 것일까? 이것이 과일 소스의 진정한 가치와 서구 유럽이 세계의 선도적 위치에 서는 사회적 정신의 핵심이라 하겠다.

이 과일 소스의 비밀은 '절약'이다. 아끼고 버리는 것 없고 요긴하게 쓰며 다시 나누어 먹는 정신이 절약의 소스, 이것이 과일 소스이다. 우리가 소스를 만들 때, 보통 사과 한 개, 배 몇 개, 몇 인분, 딸기 몇 g으로 배합표가 만들어진다. 소스는 항시 만들어 놓았다가 양념으로 사용한다. 바로 사용한다면 전분이나 밀가루를, 아니면 다른 재료를 넣어 걸쭉하게 만든다.

만드는 시간을 보면 졸이는 형태로 이루어진다. 이것은 과일 소스가 한 번에 많은 양이나 수시로 만들어 보관하였다 사용되어졌다는 뜻도 된다. 과일 소스는 또 단맛이 많이 난다. 육식을 하는 사람들의 디저트는 단맛이 강하듯이 대체로 소스도 같이 가는 것이 상식이다.

여기에 또 하나의 이유가 있다. 즉 동유럽이나 전반적인 영국 등 북부 쪽의 과일이 남프랑스의 포도를 제외하면 당도가 낮다고 볼 수 있다. 그래서 당을 첨가해 만드는 과일류 디저트가 발전한 것 같다. 사과를 예로 들면 우리나라 사과가 세계 최고의 맛을 가지고 있다고 한다. 그러므로 굳이 다른 재료를 넣어 굽거나 익혀 먹을 이유가 없다. 있다면 곡류나 두류를 부드럽고 연하게 해서 먹었다. 유럽처럼 과일이 돌배나 돌사과 같다면 물론 연하고 부드러운 요리로 만들어 먹을 수밖에 없었을 것이다.

서양요리가 뼈나 채소를 모두 모아 소스를 끓여 사용하듯 과일 소스로 디저트를 하고 남은 모든 재료는 모아 끓여 과일 소스를 만들고 그것을 주된 요리에 곁들여 먹었다. 음식의 궁합은 다름이 아니라 내가 만든 디저트에서 남은 재료를 모아 만든 소스가 그 디저트의 소스로 가장 잘 맞고 맛을 더 돋운다 할 수 있겠다. 절약의 미덕이 숨어 있는 과일 소스를 어떻게 만들까를 고민할 때, 과일 소스가 주는 기본개념을 생각한다면 손님이 받는 충격은 매우 크리라 생각한다. 이것을 손맛이라 할 수 있지 않을까?

손맛의 비밀은 과일 소스에서 보여 주어야 한다!

과일 소스 중에 가장 대표적인 소스를 소개해 보면 오렌지 소스가 제격이다. 이 소스는 노란색이 나고 당도가 높아 인기가 많다. 특히 오렌지를 이용한 술이 있으므로 주방에서는 보통 리큐어 소스라고 불리운다.

사전에 보면 '혼성주의 한 가지 증류주나 알코올에 당류, 향미료를 넣어 만든 술' 이라 정의한다.

과일주는 옛날에 과일을 따서 바위 위에 올려놓았는데 오랜 시간이 흐른 후 가보니 맑은 물이 고이고, 그것이 알코올이 되었다는 유래가 있다. 이 과일이 보통 포도라고 말하는데, 당이 많이 포함된 과일이란 공통점이 있다. 과일 소스와 차이점을 찾아야 하는데, 과일 퓌레나 즙과 리큐어는 술을 넣느냐 마느냐가 아니라, 이 차이는 과일이 술이 되는 과정과 같다. 리큐어의 특징은 당이 많이 포함된 과일로 술을 만든다는 사실이다.

과일 소스에도 술은 넣기도 하고 넣지 않는 경우도 있다. 원래 리큐어가 주가 되고, 당이나 전분을 넣어 졸이는 형태로 이루어진다. 술이 귀한 시절, 리큐어를 칵테일하는 모습을 연상하고 맛은 더욱 가미해 리큐어의 향과 맛을 더욱 향상시켜 먹었다고 볼 수 있다. 이 소스의 숨은 비밀은 그 리큐어가 가지는 고유의 맛을 더욱 되살리면서 소스를 만들 수 있느냐 하는 것이다.

02 오렌지 소스(Orange Sauce)

■ 재료(산출량 : 1ℓ)

오렌지 주스 / 1ℓ
레몬 주스 300㎖ / 레몬 3개
버찌술 / 2㎖
전분 / 30g
설탕 / 50g

■ 만드는 법

1. 오렌지는 껍질을 벗겨 즙을 내어 준비하고, 불 위에 냄비를 얹어 설탕과 전분, 오렌지 주스 300㎖ 등을 넣고 끓인다.
2. 불에서 내려 식힌 다음 나머지 700㎖의 오렌지 주스를 첨가하고 체에 내려 버찌술(Kirsch)과 레몬 주스로 맛을 돋우어 사용한다.

● 캐러멜 오렌지 소스는 설탕 500g과 오렌지 술(Grand Manie) 200㎖를 넣어 사용한다.

소스 달인의 비밀노트

· 디저트 소스는 대개 과일을 이용하는데, 오렌지 소스는 불에 졸여 옥수수 전분으로 농도를 맞춘다. 그래야 반짝반짝 빛이 나고 맛있다. 감자전분으로 농도를 맞추면 농도와 색이 탁해진다.

3 채소요리 소스의 비밀

요즘 우리는 웰빙이라는 말을 쓰면서 서서히 최소 가공과 가난한 밥상으로 눈을 돌리고 있다. 사찰에서 이어져온 먹거리를 이제야 우리의 밥상으로 옮겨 보고자 하는 것이다. 흔히 사찰음식하면 이것저것 제외되는 것이 많다고 생각하기 십상이다. 그러나 막상 알고 보면 동물성 식품과 오신채를 빼고는 무엇이든 재료가 될 수 있다. 멸치 없이도 얼마나 담백하고 맛있는 국물이 되는지 모른다.

사찰요리 소스

얼마 전 우연히 사찰음식을 연구하시는 스님을 뵌 적이 있다. 사찰음식에서는 무엇을 가장 중요하게 여기느냐고 물었더니 그 스님은 "버리는 것이 없어야죠."라고 하셨다. 당연히 오신채를 사용하지 않고 담백하게 하는 것이 제일 중요하다는 말씀을 하실 거라 기대하며 물었는데, 뜻밖의 대답이었다. 하나하나 열거하시며 설명하시는 스님의 손끝에서는 겨우내 먹던 김치도, 얼어버린 무도 근사한 요리로 만들어졌다. 화려한 세속의 요리보다 정갈한 한 접시의 나물무침이 우리의 입맛을 사로잡았다. 또한 사찰에서는 재료 하나라도 얼마나 아끼며 쓰고 있는지를 요리 중간중간 여러 일화를 통해 잘 설명해 주셨다. 그 얘기를 잠깐 소개하자면 옛날 한 스님이 남도의 한 사찰에 고승대덕이 계신다 하여 진리를 구하고자 그 스님을 뵈러 그 사찰을 찾아가고 있었다. 깊은 계곡을 막 오르려는데, 계곡물에 둥둥 떠내려 오는 배춧잎 하나가 눈에 띄었다. 그래서 그 스님은 고승대덕도 모두 허명이구나 하면서 실망을 하여 발길을 돌리려는데 한 사미승이 헐레벌떡 정신없이 뛰어내려오는 것이 보였다. "절에 무슨 큰일이 일어났습니까?"하며 물어도 대답도 없이 계곡물로 첨벙 뛰어드는 것이 아닌가. 스님은 깜짝 놀라 쳐다보니 그 사미승이 떠내려가던 배춧잎 한 장을 들고 일어서며 예를 갖춰 인사를 올렸다. "아까는 결례가 많았습니다. 떠내려가는 배춧잎을 빨리 주어야겠다는 생각에 미처 인사를 올리지 못하였습니다. 용서해 주십시오." 그 스님도 그때서야 "역시 그 명성이 거짓이 아니었구나."하는 생각에 기쁜 마음으로 사찰을 찾아 법을 구하였다는 얘기였다. 그 배춧잎 사건으로 사찰에서는 작은 것 하나에도 얼마나 정성을 쏟으며 아끼는지를 알 수 있었다.

그동안 몇몇 사찰을 다니며 찾아본 공통점은 최소한의 재료로 그 재료 본래의 향을 최대한 살린다는 것이고, 둘째는 수행에 방해가 되지 않도록 하기 위한 시간절약과 위생, 가난한 밥상을 지켜 나가려는 노력이었다. 요즘 우리는 웰빙이라는 말을 쓰면서 서서히 최소 가공과 가난한 밥상으로 눈을 돌리고 있다. 사찰에서 이어져 온 먹거리를 이제야 우리의 밥상으로 옮겨보고자 하는 것이다. 흔히 사찰음식하면 이것저것 제외되는 것이 많다고 생각하기 십상이다. 그러나 막상 알고 보면 동물성 식품과 오신채를 빼고는 무엇이든 재료가 될 수 있다. 멸치 없이도 얼마나 담백하고 맛있는 국물이 되는지 모른다.

이 지면을 통해 몇 가지 사찰 소스와 사찰만이 갖는 특별식을 소개하고자 한다. 다음과 같은 소스들을 만들어 냉장고에 보관해 두고 쓰면 편리하다. 레시피에 나와 있는 통깨나 참기름 · 들기름은 버무릴 때 첨가하는 것이 좋다.

–저자 이은정

01 채소요리에 곁들이는 소스

1. 겉절이 양념 소스

■ 재료

국간장 / 240g
설탕 / 55g
식초 / 200㎖
고춧가루 / 50g
물 / 400㎖
통깨 / 약간

● 냉이, 홋잎, 고수, 돌미나리, 민들레, 쇠비름 등을 겉절이 할 때 쓰는 소스이다.

■ 참고사항

냉이는 연한 것만 골라서 잘 다듬어 버무린다.

1. 홋잎은 화살나무라고도 하는 나무의 잎이다. 옛날부터 민간요법에 많이 이용되던 나물이다. 이것은 끓는 소금물에 살짝 데쳐서 무친다.
2. 고수는 사찰에서 많이 쓰는 나물로, "고수를 잘 먹어야 스님 노릇 잘한다."는 말이 있을 정도로 사찰에서 많이 먹는 음식이다. 생것으로 무쳐서 끝에 참기름을 살짝 두른다.
3. 돌미나리는 밭미나리라고도 일컫는데, 요즘 간 해독에 좋다 하여 생즙으로도 많이 이용하고 있다. 생나물을 무쳐도 아주 맛있다.
4. 민들레는 유럽에서도 즐겨 먹는다. 특히 봄을 대표하는 먹거리로 쌉싸름한 맛이 춘곤증도 없애 주고 봄철 입맛을 되돌리는 역할에도 아주 좋다.
5. 쇠비름은 질경이와 같이 장수식품의 대표적 음식이다. 쇠비름은 오행초라고도 하는데, 이것은 다섯 가지 색깔을 모두 갖고 있어서 붙여진 이름이다. 이것을 먹으면 장수한다고 하여 장수채라고도 불린다.

2. 된장나물 무침 소스

■ 재료

된장 / 240g
고추장 / 255g
들기름 / 15㎖
통깨 / 5g

● 원추리, 참비름, 솎은 배춧잎, 무청 연한 것, 냉이, 어린 머위잎, 질경이, 엄나무순 등

■ 참고사항

1. 나물을 끓는 소금물에 살짝 데쳐서 물기를 짜고 무침 소스로 버무린다. 이때 들기름 대신 참기름을 넣어도 맛있다.
2. 원추리는 근심을 잊게 하는 풀이라 하여 '망우초' 라고도 한다. 봄나물은 대개 쓴맛이 많은데, 원추리는 단맛을 가진 나물이다. 먹고 남은 나물은 국을 끓여도 아주 좋다. 중국 주나라 〈풍토기〉를 보면 임신한 부인이 원추리를 몸에 지니고 있으면 아들을 낳는다고 하여 '의남초' 로 부른다고 했다. 의남이란 아들을 많이 낳은 부인을 가리키는 말이다. 이것이 우리나라에도 전해져 원추리꽃을 향낭이나 주머니에 넣어 몸에 지니고 다니는 풍습이 생겨나기도 했다. 또 중국 송나라 의학자 소송은 〈도경 본초〉에서 원추리가 사슴이 먹는 아홉 가지 해독약초 가운데 하나라고 하여 '사슴이 먹는 파', 곧 '녹총' 이라고도 하였다. 오늘날까지도 답답한 것을 뚫어 마음을 편안하게 하여 우울증을 낫게 한다는 얘기가 많다.
3. 김장을 하고 난 뒤 연한 무청을 말려 두었다가 초봄에 푹 삶아서 무침 소스로 무쳐 먹으면 별미의 반찬이 된다.
4. 냉이의 연한 부분은 흐르는 물에 씻으면 나물에 멍이 들기 때문에 받아 놓은 물에 씻어야 제맛이 난다. 아주 살짝 데쳐서 무쳐도 향이 좋다.
5. 머위는 쓴맛도 강하지만 해독작용이 강해서 뱀에 물렸을 때 응급약으로 쓰일 정도이다. 겉절이도 맛있지만 연한 잎은 데쳐서 무쳐 먹는 것이 쓴맛을 감할 수 있다.
6. 질경이는 달리 '차전초' 라고도 한다. 길가나 들에 흔하게 있는 풀이다. 흔히 장수풀이라고 일컬어질 만큼 몸에 좋은 성분이 많다. 예부터 질경이와 쇠비름을 많이 먹으면 무병장수한다는 말이 전해올 정도이다. 봄에 연한 잎을 무쳐 먹기도 하고 삶아서 말려 두었다가 묵나물로 먹기도 한다.

   질경이에 얽힌 전설을 하나 소개하자면 중국 한나라 광무제 때에 마

무라는 이름난 장군이 있었다. 어느 해 여름, 마무 장군이 이끄는 군대가 승전을 거듭하며 도망치는 적을 추격하다가 황하 북쪽의 황하평원을 지나게 되었다. 그런데 그곳의 가뭄이 너무 극심하고 식량마저 떨어져 수많은 병사와 말들이 허기와 갈증으로 죽어가는 지경에 이르렀다. 더군다나 살아남은 말과 병사들도 심한 요혈증으로 아랫배가 불룩하고 피오줌을 누면서 차례로 죽어 나갔다. 그리하여 마무 장군의 군대는 전쟁에 이기고도 전멸할 위기에 놓이게 되었다. 어느 날 마무 장군의 말을 돌보는 마부가 말을 찾으러 막사 밖으로 나갔다가 수많은 말 중에서 피오줌을 누지 않고 건강해 보이는 세 마리의 말을 발견했다. 그 세 마리의 말들을 유심히 살펴보았더니 마차 옆에 있는 돼지 귀처럼 생긴 이상한 풀을 뜯어먹고 있었다. 마부는 곧바로 그 풀을 뜯어서 국을 끓여 먹었더니 하루쯤 지나자 피오줌이 멎고 기력을 되찾게 되었다. 마부는 이 사실을 곧바로 마무 장군한테 보고하여 모든 병사와 말에게 이 풀을 먹게 하였다. 그리하여 다시 원기를 되찾은 군대에 대한 이야기를 광무제가 듣고 그 풀을 마차 앞에서 발견한 풀이라고 '차전초'라 부르게 하고 온 나라에 널리 알렸다 한다.

7. 엄나무순은 개두릅이라고도 한다. 엄나무에는 날카롭고 험상궂은 가시가 빽빽하게 붙어 있다. 이 무섭게 생긴 가시를 귀신들이 제일 두려워한다고 하여 우리 선조들은 엄나무 가지를 대문이나 방문 위에 걸어 두면 못된 귀신이나 나쁜 질병이 집 안으로 들어오지 못할 것이라 믿었다고 한다. 요즘도 시골에는 대문 근처에 엄나무를 심어 둔 집이 많이 보인다. 엄나무순을 살짝 데쳐서 무쳐 먹기도 하고 초고추장에 찍어 먹어도 좋다. 초봄 연한 잎을 데쳤다가 말려서 묵나물로 먹어도 좋다.

3. 초고추장 무침 소스

■ 재료

고추장 / 255g

식초 / 100㎖

설탕 / 40g

통깨 / 약간

• 죽순, 씀바귀, 돌나물, 톳, 세발나물, 쇠비름, 노각, 오이 등

■ 참고사항

죽순은 생으로 먹으면 아리고 독이 있다 하여 쌀뜨물에 된장을 풀어서 센 불에서 20분 정도 삶고 다시 약한 불에서 30~40분 정도 삶아서 물에 씻지 않고 그대로 식힌다. 식히고 난 뒤에 껍질을 벗겨내고 물에 30분 정도 담가 놓으면 독성이 빠져 나간다.

1. 씀바귀는 장의 나쁜 기운을 몰아내는 기능이 있다고 하여 많이들 이용하고 있다. 쓴맛이 매우 강하지만 이 맛을 즐기는 사람이 많아 가을이면 시장에서 삭힌 것을 팔고 있는 할머니들을 볼 수가 있다.
2. 돌나물은 손으로 많이 주무르면 풋내가 나므로 휘젓듯이 살짝 버무려야 한다. 무를 넣고 같이 물김치로도 많이 이용한다.
3. 톳은 다른 해조류와 같이 바다 내음이 물씬 풍기는 해초이다. 두부와 같이 무쳐 먹기도 하고 매콤한 소스에 무쳐 먹기도 한다.
4. 쇠비름은 말의 이빨같이 생겼다 하여 '마치현' 이라고도 한다. 이 풀은 갈증해소에 특효이다. 어떤 건설회사 직원 한 분이 사우디아라비아에 출장을 갔는데, 건설현장이 꽤 멀어서 한참을 자동차로 이동하는 중에 식사로 현지인이 빵을 준비해 주었다. 먹으려고 보니 그 바게트 빵 안에 쇠비름이 가득 들어 있었다. 우리나라에서는 먹지도 않는 이 풀을 왜 넣어서 주는가 하고 의아해 했더니 그 풀은 이 사막에서 갈증을 풀어 주는 최고의 채소라고 하였으며, 실제로 도움을 아주 많이 받았다고 한다. 그래서 그 분은 한국에 돌아와서도 늘 쇠비름을 애용한다고 하였다. 그만큼 미끈미끈한 액을 가진 쇠비름은 건강식품 중의 하나라고 할 수 있다. 우선 쇠비름은 옅은 소금물에 담갔다가 건져서 일부는 생것 또는 겉절이로 이용하고 나머지는 끓는 물에 살짝 데쳐서 무쳐 먹는다.
5. 노각은 늙은 오이를 말한다. 수확하는 시기를 놓친 오이는 껍질이 누렇게 익을 때까지 놔두었다가 늦여름에 껍질을 벗기고 무쳐 먹으면 시원한 느낌이 여름을 이길 수 있게 해 준다.

4. 참죽 장아찌 소스

■ 재료

진간장 / 400ml
국간장 / 200ml
물엿 / 600ml
고추장 / 255g
고춧가루 / 100g

- 참죽, 무말랭이, 고춧잎

■ 참고사항

참죽은 붉은 빛이 도는 연한 잎과 줄기를 소금에 살짝 절였다가 씻어내고 바로 무쳐 먹거나 소금에 절였다가 삐들삐들 말려 위의 소스에 버무려 1년 내내 먹는 밑반찬으로도 인기가 좋다. 여름철 입맛 없을 때도 참죽 장아찌 하나면 입맛이 돌아올 정도로 맛이 좋다.

참죽의 질긴 가지는 잘 말려 두었다가 국수나 떡국을 끓일 때 넣거나 다시 물을 낼 때 넣어도 아주 맛있다.

5. 장아찌 소스

■ 재료

진간장 / 300ml
국간장 / 100ml
다시마(20cm) / 20g
물 / 100ml
물엿 / 140g
고춧가루 / 약간

- 원추리, 곰취, 방아잎, 제피잎, 당귀잎, 죽순 등

■ 참고사항

원추리는 삶아서 무쳐 먹기도 하지만 장아찌로 만든 것도 별미이다.

1. 곰취는 오대산 곰취가 유명하다. 깊은 산 속에서만 자랐는데, 얼마 전부터는 곰취를 재배하여 이른 봄이면 우리 식탁에 많이 오를 수 있게 되었다. 진간장, 국간장, 다시마, 물을 냄비에 붓고 팔팔 끓여서 부었다가 다음날 국물만 따라내어 다시 끓여 식혀서 붓기를 2~3번 반복하면 맛있는 장아찌가 된다.
2. 방아는 들깨잎과 비슷하게 생겼으며, 특히 경남 지역에서는 생선찌개에 많이 쓴다. 독특한 향이 강해서 즐기는 사람은 아주 즐기고 싫어하

는 사람은 아주 싫어하는 극단적인 기호도를 갖고 있다. 장떡을 구울 때 조금 섞어 넣으면 감칠맛 나는 전이 된다. 방아는 우리의 대표적인 허브이며 풀이기를 거부했다 하여 '배초향'이라고도 이름 붙여졌다. 마당에 한 포기만 심어도 다음 해는 그 주변이 온통 방아싹으로 뒤덮이고 만다. 비 오는 날 부추전에 한두 잎 올리면 색다른 맛을 느낄 수 있다. 요즘은 건강식품으로 많은 관심을 받고 있다.

3. 제피잎은 생선요리에 첨가하여 그 풍미를 향상시키기도 하고 생선의 비린내를 없애기도 한다. 또 집 안에 제피나무를 한 그루만 심으면 모기가 가까이 오지 않는다고도 한다. 제피잎이 연할 때는 소금에 살짝 절였다가 씻어내고 물기를 완전히 뺀 다음 고추장과 물엿을 넣고 잘 버무려 두면 여름 내내 밑반찬이 된다.
4. 당귀라는 이름은 중국의 옛 풍습에서 유래되었다. 옛날 중국의 부인들은 남편이 싸움터에 나갈 때 당귀를 품 속에 꼭 지니고 있게 하여 남편이 무사히 돌아오기를 기원하였다. 전쟁터에서 기력이 다하여 죽게 되었을 때 품 속의 당귀를 꺼내어 달여 먹으면 기운이 회복되어 다시 돌아온다고 믿었기 때문이다. 그래서 '마땅히 돌아온다'는 뜻으로 쓰인 말이다. 특히 여자에게 좋은 약초라 하여 옛날 기생들이 당귀를 달인 물로 세수를 하여 얼굴이 희고 고왔다고 할 만큼 여성에게 좋은 식품으로 알려져 있다. 월정사 근처에는 당귀잎을 말려 가루로 내었다가 쌀가루와 섞어 떡을 만드는 당귀떡이 유명하다.

6. 씀바귀 장아찌 소스

■ 재료

진간장 / 150g 국간장 / 50g
조청 / 280g

• 씀바귀, 민들레, 밤, 고구마 등

■ 참고사항

씀바귀는 깨끗이 다듬어 끓는 물에 살짝 데쳐 찬물에 헹군다. 소금물에 1주일 정도 담가서 쓴맛을 뺀 다음 건져 채반에 널어 시들시들하게 말린다. 냄비에 위의 소스를 넣고 끓였다가 씀바귀에 붓고 다음날 국물만 따라내어 다시 끓여 식혀서 붓기를 2~3번 반복하면 일주일 후부터 바로 먹을 수 있다.

7. 버섯 장아찌 소스

■ 재료

진간장 / 500㎖ 국간장 / 100㎖
물 / 100㎖ 마른 고추 / 10g

- 송이버섯, 새송이버섯, 표고버섯, 느타리버섯, 무청, 양하 등

■ 참고사항

송이를 캔 자리는 부자지간에도 비밀이라 할 정도로 송이는 귀한 먹거리이다. 깊은 산 속에 있다 보니 사찰에서 먼저 먹기 시작해서 민간으로 전파된 음식이다. 송이는 채취하여 솔잎으로 흙만 털어내고 그대로 먹는 것이 송이 향과 질감을 제대로 느낄 수 있는 방법이다. 송이는 생것으로 먹는 것이 가장 좋고, 익힐 때는 살짝 굽거나 쪄야 한다. 최소한의 양념으로 먹을 수 있으면 좋다.

1. 새송이나 느타리, 표고는 씻지 말고 햇볕에 말린 후 물에 살짝 씻어 건져 물기를 뺀다. 위의 소스를 끓이다가 마른 고추를 넣고 한소끔 끓이고 느타리를 넣어 조금 더 끓인 후 버섯만 건져낸다. 소스를 완전히 식힌 다음 건져 놓은 느타리버섯 위에 붓는다.

8. 산초 장아찌 소스

■ 재료

진간장 / 600㎖
국간장 / 200㎖
소주 / 약간

■ 참고사항

산초는 너무 연하거나 너무 익어서 여물면 장아찌용으로 쓸 수가 없다. 열매가 아직 파랗고 껍질이 벗겨지지 않았을 때 송이째 따서 먹기 좋은 크기로 잘라서 담는다. 산초에 팔팔 끓인 물을 부어 6~7시간 정도 담가 두었다가 찬물에 헹궈 소쿠리에 건져 둔다. 물기가 어느 정도 마르고 나면 위의 소스를 소주를 제외하고 끓여서 식힌 후 산초에 붓는다. 5~7일 정도 지난 후 물을 따라 내어 다시 끓여 식혀서 붓는다. 이때 소주를 약간 섞어 넣는다. 이렇게 하여 한 달쯤 지난 후부터 먹을 수 있다. 산초와 제피를 혼돈하기 쉬운데, 구별할 수 있는 방법에는 우선 잎을 보면 산초잎은 가장자리가 매끈한 반면 제피잎은 까칠까칠한 모양으로 톱니형태를 하고 있다. 제피잎은 장아찌로도, 나물로도 먹지만 산초잎은 독성이 강하여 식용으로 쓰지 않는다. 산초는 열매만 식용으로 쓰이며, 잎을 채취할 때에는 주의해야 한다.

9. 양념구이 소스

■ 재료

고추장 / 80g
국간장 / 30㎖
물엿 / 40g
생강즙 / 약간

• 더덕, 우엉, 통도라지 등

■ 참고사항

큰 사찰에 가면 어김없이 벚나무, 소나무, 은행나무 등이 있는데, 이것은 조경에도 의미가 있지만 이 모두는 중요한 약재이기도 하다. 사찰에서는 모든 음식이 바로 약이 될 수 있는 것이 원칙이다. 그래서 특히 산에서 나는 산야초나 산나물은 음식이며 약이다.

더덕은 향과 약성이 아주 우수하여 민가에서도 즐기는 음식이다. 구이를 할 때는 껍질을 벗기고 방망이로 두들겨서 부드럽게 한 다음 팬에 기름을 두르고 더덕을 굽는다. 구운 더덕에 양념을 바른 후 다시 한 번 굽는다.

10. 사찰에서 쓰는 만능 양념간장 소스

■ 재료

물 / 5ℓ
다시마 / 500g
표고버섯 / 600g
찹쌀 / 500g
국간장 / 1,400㎖
조청 / 1,415g

■ 만드는 법

1. 물, 다시마, 표고버섯, 찹쌀을 푹 삶은 후 다시마와 표고버섯을 건져내고 국간장 7컵을 붓는다.
2. 간이 간간하면 조청을 5컵 정도 넣고 맛을 보아가며 황설탕을 더해서 식힌다.
3. 향을 내고 싶으면 아카시아 꽃잎 말린 것을 넣고 한소끔 더 끓이면 향이 나는 양념간장이 된다.

전월사의 월초스님과 수법사의 지수스님, 정세채 교수의 「산사에 가면 특별한 식단이 있다」와 선재스님이 쓰신 「선재스님의 사찰음식」, 최진규님의 「내 발로 떠나는 방방곡곡 약초산행」 등에서 자료를 모았다. 특히 지수스님과 월초스님의 아낌없는 도움에 감사드린다.

4 유명식당 사장님들이 직접 개발한 10가지 소스

서양에서는 **소스의 맛**이 그 식당의 얼굴이라고 한다. 이제 한식당에서도 좋은 소스를 만들어 **소스를 기억하는 고객**을 만들어야 한다. 모든 식당이 **음식 특허**뿐 아니라 **소스 특허가 있는 소스**를 이용한 식당 운영이 필요할 때가 있다. 일본에는 요즘 **창작요리 전문점**이 많다. 우리나라에서도 창작요리와 같이 **소스의 특허번호**가 기입된 광고 문안을 보고 싶다.

소스 개발 사례

내가 소스에 관심을 가지게 된 것은 프랑스 유학시절부터였다.

'83년 가을 파리에 도착한 날, 나는 세상을 다 얻은 듯했다. 그렇게도 꿈꾸던 요리의 왕국 프랑스 파리에 왔으니, 그냥 있기만 해도 성공할 것 같았다. 그러나 한 달 정도 지내 보니 무언가 배워서 가야 하는데, 하는 고민이 생겼다. 그래서 파리에 있는 동안 책을 한 권 쓰기로 마음먹었다.

그러나 학교 다닐 때 글을 특별히 써 본 적이 없어 책을 쓰는 것이 나에게는 어려움으로 다가왔다. 그래서 은사이신 손대현 교수님께 당시의 모든 사항을 편지로 알리니 답장이 왔다. 지금도 그 편지를 간직하고 있는데, 내용은 조금 더 많은 자료를 수집하고 진짜 하고 싶은 분야의 전문가가 되어 보라는 충고였다. 그래서 두 가지를 생각하였다. 한 가지는 향신료이고, 한 가지는 소스였다. 그 당시에는 국내에 향신료 재배도 적었고 수입 향신료도 적어서 연구하면 좋을 것 같았다. 먼저, 다양한 향신료 씨를 구입하여 국내에 보냈다. 국내에 있는 농사짓는 분이 이것을 심어 요리에 사용하게 되었다. 그 후 귀국하여 송강 농장과 합작으로 63빌딩에서 제1회 향신료 전시회를 개최하여 국내 향신료 사용을 촉진시킨 기억이 난다. 그 당시 활동했던 모임이 프랑스요리연구회(A.C.F)였다. 그때 같이 활동했던 회원들을 살펴보면 신충진(청와대 조리부장), 이병우(롯데호텔 총주방장), 양진곤(자영업), 나영선(안산공과대학 교수), 이상정(영산대 교수), 김은영(미국 이주), 정동희(자영업), 김재수(미국 이주), 서석지(캐나다 이주), 정필국(하얏트호텔 조리부장), 최원기(작고) 등이 있다. 나중에는 전국의 조리하는 사람들이 참여하는 단체로 발전하였다. 매주 만나 한국의 조리발전을 위해 우리 젊은이들이 무엇을 해야 할지 밤을 새워가며 토론을 하기도 했다. 지금 생각하면 그때 회원 모두의 열정은 대단했다. 그동안 친목회 중심의 모임만 하다가, 요리를 연구하고, 세미나를 열고 하니 많은 회원이 모여 200명이 넘었던 것으로 기억한다. 그리고 이렇게 모이는 것으로만 끝나면 안 되고, 새로운 연구 단체가 만들어져야 한다는 생각에 요리연구소를 만들게 되었다. 그것이 에스코피에 요리연구소(E.C.A)가 탄생하게 된 동기이다.

그 후 '86년부터 책을 쓰기로 마음먹었다. 실제로 책은 '88년에 출판되었는데 책이 나오게 된 과정을 보면 눈물겹다. 그 당시만 해도 요리책이 잘 팔리지가 않아서 몇 군데 원고를 들고 다녔지만 모두 거절당했다. 다행히 형설출판사 장지익 사장님의 도움으로 1,000권의 책을 출간할 수 있었다. 내용은 빈약했지만 나의 노트 필기를 그대로 적어 놓았다. 그때가 35살이었는데, 선배들이 젊은 사람이 책을 다 썼다고 칭찬을 많이 했다. 이 책이 나오기 전에도 많은 선배들이 책을 쓰려고 준비를 했지만 여러 이유로 출판까지는 못 했던 것 같다. 지금까지 여러 선후배 덕분에 책을 출판하여 만여 권을 판매했고 지금도 연 500권 정도는 팔리고 있다. 이 책이 이렇게 팔리는 이유가 무엇인지 생각해 보았다. 아마도 소스의 비결이 책에 모두 쓰여 있기 때문이 아니었을까. 그 당시 책을 쓸 때는 잘 몰랐는데, 「소스의 이론과 실제」만큼 노하우를 많이 수록한 책은 드물었다. 즉 노하우가 소스의 비밀이다. 노하우를 몇가지 소개해보면 다음과 같다.

첫째, 가능한 방법을 찾아라.

와인이 없는 서양요리는 참기름 없는 한국요리라고나 할까? 서양요리는 소스로 시작해서 소스로 끝난다고 해도 과언이 아니다. 코스별로 시작되는 서양요리에는 각각의 소스가 따로 있으며, 대부분의 소스는 와인이 주가 되든지, 아니면 상당량이 들어가게 되어 있다. 우리가 알고 있는 생선 소스의 기본이 되는 백포도주 소스를 만들기 위해서는 생선육수 1ℓ에 백포도주 0.15ℓ 정도를 혼합하여 20% 정도를 졸인 다음, 크림을 넣고 소스를 만드는 것이 보통이다. 포도주와 와인 식초비율을 7 :

3으로 넣고 졸여서 포도주 소스를 만들면 원가도 절약되고 빛깔과 맛도 좋은 소스가 된다.

둘째, 재료의 특성과 맛을 기억하라.

모든 요리가 그러하지만, 소스에 들어가는 재료들도 마찬가지로 신선한 재료를 사용해야 소스가 맛있게 만들어진다. 또한 재료들의 화학적 작용에 의하여 맛이 반감될 수 있으므로 재료들과의 관계를 고려하여 넣는다. 그리고 소스의 맛과 향이 너무 강해 원재료 자체의 맛까지 압도해 버리지 않도록 유의하고, 다른 사람의 레시피를 무조건 따라하는 것보다는 많은 연습을 통해 자신의 레시피를 탄생시켜 나만의 소스를 만드는 것이 좋다.

셋째, 재료의 향을 최대한 살려라.

우리들이 사용하는 식자재는 나름대로 독특한 맛과 향기를 가지고 있다. 대부분 재료가 가지고 있는 본연의 맛과 향을 그대로 사용하지만 많은 재료들 중에는 음식 궁합을 맞춤으로써 제 기능을 나타내는 것들이 많다. 그 중에서도 요즘 웰빙식으로 화제가 되고 있는 오징어의 먹물은 재료의 독특한 컬러와 향으로 그동안 우리들과는 친숙하지 않았던 것이 사실이다.

넷째, 원칙에도 예외는 있다.

서양에 "수프를 끓일 때는 수프 통을 떠나지 말라."는 속담이 있다. 이 말은 소스나 수프를 끓일 때 끓는점을 관리하는 것이 제품의 품질을 올릴 수 있는 방법임을 강조하는 것이다. 즉 소스나 수프를 만들 때 불순물을 걷어내는 작업(Skimming)을 무척 중요시하는 말이기도 하다. 그러나 바닷가재 버터(Lobster Butter)를 만들 때는 조리 중에 불순물을 걷어내지 않고 서서히 끓여서 버터에 바닷가재의 맛과 향이 충분히 배게 한 다음 버터를 걸러내기 직전에 불순물을 걷어내고 정제를 한다. 이는 조리 중에 불순물을 계속해서 걷어내면 위에 떠오른 순수한 버터와 향신료의 맛까지 걷어내기 때문이다.

다섯째, 기계 사용 시 소스의 색을 자연에 가깝도록 해야 한다.

믹서(Blender)에 돌리면 음식의 빛깔이 없어지므로 조심해야 한다.

모든 음식은 고유의 맛과 색깔을 가지고 있다. 이러한 자연의 색깔은 열을 가해 요리를 함으로써 변색되는 경우가 많다. 그래서 이러한 원리를 아는 전문가들은 자연의 색이 변하지 않도록 주의해서 요리를 한다. 그런데 이렇게 주의를 기울여서 조리된 원색의 음식도 믹서에 넣고 돌리면 공기의 포집에 의해서 자연의 색깔이 약해지는 경우가 종종 있다. 이런 경우, 끓인 음식일 경우 다시 한 번 스토브에 올려서 살짝 끓여 주면 내포된 공기를 분출시킴으로써 원래의 색감을 얻을 수 있다.

또 적포도주 소스에 버터 몬테를 가미할 경우 버터를 넣고 거품기로 힘차게 돌리면 역시 탁해지는 경우가 발생하는데, 이때는 소스가 살짝 끓기 시작하면 단단한 버터를 잘게 잘라서 조금씩 넣고 자연스럽게 끓이면서 서서히 녹인다면 더욱 빛깔 고운 소스를 만들어서 즉시 사용할 수 있다.

과연 진짜 소스의 비밀이란 무엇인가. 소스의 비밀은 어떤 재료를 첨가한다거나, 어떤 조리법을 사용함으로써 얻어지는 것이 비밀이지만, 요리를 사랑하는 마음이 소스의 비밀인 것 같다. 요리를 사랑해야 식재료 특성에 맞는 조리법 개발, 첨가되는 소스 개발이 요구되고, 이것은 모두 고객을 위한 행위로 볼 수 있다. 결론적으로 소스의 비밀은 요리를 사랑해야만 만들어지는 것이라고 생각한다.

유명식당 사장님들이 직접 개발한 소스

여기에 소개되는 유명식당의 사장님들이 공개하는 소스는 그 레시피 하나하나에 비밀이 담겨 있다고 생각한다. 자식과도 같은 소중한 소스들을 공개해 주신 사장님들께 감사드리고 이 책을 읽으시는 분들이 여기에 있는 소스들을 응용하여 각자에게 맞는 소스를 만들어 꼭 부자 되시길 바라며 맨 마지막 장에 소개된 소스의 탄생과 같은 기적을 만드시길 바란다.

01 즉석 장아찌 소스

이 소스는 화로본가의 박현옥 씨가 업장에서 개발한 간장 소스로서 인기가 굉장히 많은 것으로 알고 있다. 박현옥 씨는 소스 아카데미 2기로, 대구에 와서 무척 열심히 공부를 했다. 그를 보면 소스 개발을 꾸준히 하고 늘 노력해야 좋은 소스가 만들어지고 매출로도 연결된다는 생각이 든다.

■ 재료

간장, 물, 설탕, 대파, 양파, 건고추, 통생강, 통마늘, 통계피 등을 넣어 만든 데리야끼 소스 / 1ℓ

통후추 / 5g

배 / 370g

무 / 170g

월계수잎 / 2g

감초 / 2g

■ 만드는 법

일식 데리야끼 소스를 기초로, 물엿을 첨가하여 데리야끼 소스가 되기 전 중간쯤 멈춘다(중불 4~5시간 정도). → 간장 : 물=1 : 2, 짠맛을 줄일 수 있다.

■ 응용

1. 데친 꼬막에 본 소스와 청주, 물, 설탕 조금을 넣으면 꼬막 장아찌가 된다.
2. 버섯(애느타리, 새송이, 양송이, 백만송이)은 본 소스에 고추, 월계수잎을 넣어 하루만 숙성한다.
3. 조선오이를 넣어서 3일만 숙성하면 신선한 장아찌로 좋다(마지막에 참기름 첨가).
4. 본 소스에 식초, 고추냉이를 첨가하면 고깃집 양파 소스로도 좋다.

02 양념게장 소스

이 소스는 대구의 신중한 식당 김유진 씨가 만든 소스이다.
살아 있는 게를 준비한 다음 미리 준비한 소스에 버무려 내는데 맛이 기가 막히게 좋다. 설탕을 넣지 않고 과일로 단맛을 내는데 게를 미리 버무려 하루 정도 숙성시켰다가 고객에게 제공하는 것도 요령이다.

■ 재료

몽고진간장 / 200㎖	백물엿 / 400g
통생강 / 4g	간 마늘 / 10g
대파 / 15g	양파 / 40g
사과 / 60g	고운 고춧가루 / 20g
참기름 / 40g	맛술 / 30㎖
후추 / 약간	통깨 / 20g

■ 만드는 법

1. 진간장, 물엿, 생강, 대파, 양파, 사과를 은근한 불에 20분 끓여서 식힌다.
2. 조미료, 후추, 간 마늘, 참기름, 맛술, 고운 고춧가루를 넣어 섞는다.
3. 24시간 숙성 후 사용한다.

• 즉석 양념으로 사용할 때는 사이다를 소량 넣어서 무쳐 낸다.

03 과즙을 첨가한 일식 드레싱 소스

샐러드에 곁들여지는 드레싱은 어떤 채소에 어떤 맛의 드레싱이 좋은지 많은 실험이 필요하다. 그리고 고객의 취향에 맞는 드레싱이 무엇이고, 무엇이 필요한지 고민해야 한다. 무조건 주인 입에 맛있는 드레싱을 고객에게 제공하면 식당의 이미지가 손상될 수 있다. 이 드레싱은 오렌지 스토리의 이원희 사장 작품이다.

■ 재료

사과 / 500g
당근 / 500g
양파 / 200g
식용유 / 300㎖
요구르트 / 500㎖
설탕 / 80g
바나나 / 500g
통마늘 / 50g
진간장 / 300㎖
환만식초 / 400㎖
머스터드(겨자) / 80g

■ 만드는 법

1. 사과, 당근, 바나나, 통마늘은 갈아서 사용한다.
2. 「*1*」에 나머지 재료를 섞어 사용한다.

• 식용유 대신 포도씨유를 사용해도 좋다.

04 과즙을 넣은 생야채 소스

이 소스는 화로본가 박현옥 씨가 샐러드 드레싱으로 만든 것으로 과즙을 많이 넣는 것이 특징이며 한정식이나 한식 전문점에서 활용해 보는 것도 좋을 것 같다. 소스의 양이 많아서 준비에 어려움이 있지만 많이 만들어 보관했다가(냉장고에 보관하면 소스가 숙성되어 맛이 좋아짐) 사용해도 된다.

■ 재료

간장 / 15ℓ
설탕 / 6kg
배 / 3700g
오이 / 860g
물엿 / 9kg
사이다 / 3ℓ
레몬 / 600g
파인애플 캔 / 2500g

■ 만드는 법

간장은 삼화진간장 : 몽고진간장 = 1 : 1로 사용

■ 응용

1. 과즙(배, 파인애플 캔)을 첨가하여 산도를 높이거나 고추냉이를 첨가할 수도 있다.
2. 올리브 오일, 식초, 설탕을 가미하면 서양식 샐러드 소스로 좋다.
3. 굵은 고춧가루, 참기름, 통깨를 가미하면 한식 샐러드 소스로 좋다.
4. 레몬과 오이를 넣고 5일 정도 숙성하면 짜지 않은 장아찌로도 응용 가능하다.

05 유자 소스

이 소스는 경산에서 제일 유명한 양식당 알렉산더의 권율식 사장이 샐러드 드레싱으로 만든 작품이다. 그는 조리사 출신으로 소스 개발에 많은 노력을 기울이고 있다. 식당에서 제공되는 안심 요리에도 세 가지 소스를 제공한다. 크림 소스, 토마토 소스, 데미그라스 소스를 제공하면서 고객에게 소스의 중요성을 알려 준다.

■ 재료

유자청 / 800㎖	식초 / 400㎖
올리브 오일 / 400㎖	레몬주스 / 200㎖
소금 / 약간	후추 / 약간

■ 만드는 법

1. 유자청은 섞어서 사용한다(또는 건더기 사용).
2. 해파리냉채, 닭가슴살, 전채요리에 사용한다.

06 녹차잎을 첨가한 삼겹살 간장 소스

이 소스는 먹음새 장선숙 씨가 개발한 삼겹살 간장 소스인데, 계피와 마늘이 들어 있어 돼지 냄새가 적게 나는 우수한 소스로 평가된다.

■ 재료

물 / 100㎖
흑설탕 / 300㎖
전분가루 / 약간
건고추 / 5~10g
간 마늘 / 약간
삼화진간장 / 500㎖
식초 / 200㎖
계피 / 약간
고춧가루 / 약간

■ 만드는 법

1. 물에 녹차잎을 조금 넣고 끓인 후 진간장, 설탕, 식초, 계피, 건고추를 넣고 끓으면 전분가루로 농도를 맞춘다.
2. 손님상에 나갈 때 소스에 고춧가루, 간 마늘을 넣고 참기름과 굵게 썬 양파, 청양고추를 곁들여 낸다.

• 냉장 보관하여 사용한다.

07 돼지갈비 양념 소스

이 소스는 토지가든의 이성광 사장의 돼지갈비 양념소스로 맛과 향이 아주 우수하여 여러 가지로 응용이 가능한 소스이다. 불판이 타는 것을 방지하기 위해서 물엿 양 조절이 필요하다고 하는 걸 보면 장사가 잘되는 돼지갈비집 소스인 것만은 사실이다.

■ 재료

돼지갈비 / 1.6kg	진간장 / 1.6ℓ
물 / 8ℓ	설탕 / 1.6ℓ
계피 / 약간	감초 / 약간
월계수잎 / 2g	건홍고추 / 20g
간 마늘 / 195g	간 생강 / 100g
참기름 / 500㎖	매실 진액 / 500㎖
물엿 / 350g	캐러멜 / 250㎖
조미료(미원) / 2g	후추 / 4g

• 국자는 대국자를 뜻한다.

■ 만드는 법

1. 좌측 편에 있는 분량의 재료를 먼저 중불에서 끓인 후 식혀 둔다.
2. 우측 편에 있는 재료를 「1」에 넣어서 갈비와 버무린 후 4시간 숙성 후 사용한다.

• 물엿 양이 많으면 시각효과는 좋으나 불판 교체가 잦다.

08 메줏가루를 첨가한 숙성 초장

대구에서 가장 유명한 동금정 안유복 사장님이 어렵게 공개하는 레시피이므로 영업하시는 사장님들은 관심 있게 소스를 만들어 볼 것을 추천한다. 재료의 양이 너무 많은데 메줏가루 숙성 초장은 원래 양이 많아야 제맛이 난다고 한다. 혹시 적은 양의 소스를 원하여 무조건 나누어 계량하면 소스의 제맛이 나지 않으므로 여러 번의 실습이 필요하다.

■ 재료

물엿 / 6ℓ
된장 / 1kg
고춧가루 / 350g
사과식초 / 12ℓ
생강 / 1.1kg
메줏가루 / 250g
고추장 / 1400g
사이다 / 1.8ℓ
청양 고춧가루 / 350g
황설탕 / 9kg
간 마늘 / 2.2kg

■ 만드는 법

1. 3일 정도 숙성하여 사용한다.
2. 물엿을 풀 때는 한 방향으로 풀어서 사용한다.

• 위에서 제시하는 말과 통은 필자도 잘 모른다. 소스의 양 목표는 본인이 만들던 방식대로 해야 하며, 변경할 때는 맛이 변하기 때문이다.

09 유자청이 들어간 돼지갈비 소스

싱글벙글복어 김송월 사장은 구미에서 유명한 복집 사장이다. 특별히 소스 아카데미 2기 회원들을 위하여 공개하는 유자청이 들어간 돼지갈비 소스는 웰빙시대에 맞는 우수한 소스로 평가된다.

■ 재료

물 / 3550㎖	진간장 / 1065㎖
조선간장 / 1065㎖	대파 / 105g
양파 / 475g	고추씨기름 / 355㎖
통마늘 / 20g	통생강 / 15g
물엿 / 약간	설탕 / 약간

• 주방장의 취향에 따라 가감한다.

■ 만드는 법

병사이다(355㎖) 한 병 기준 그릇으로 용량 환산

1. 물, 진간장, 조선간장, 대파(뿌리째로), 양파(껍질, 뿌리째로), 고추씨를 넣고 간장 향이 달아날 정도로 달인 후 통생강, 마늘 몇 쪽을 넣고 다시 끓인 후 물엿, 설탕으로 간을 맞춘다.
2. 베보자기로 걸러서 냉장 보관해 둔다.
3. 손질한 갈비에 자박하게 재어 놨다가 하루 전에 참기름과 유자청을 섞어서 같이 재어 놓고 다음날 낸다.

• 조선간장(집간장)이 맛을 좌우하므로 장 뜰 때 너무 짜거나 냄새가 심하지 않게 잘 만들어 놓으면 따로 화학조미료를 넣지 않아도 제대로 된 맛을 낼 수 있다.

10 대구스타일 돈가스 소스

이 소스는 영남대에서 주최한 소스 아카데미 2기에서 공부하신 정태현 씨가 제공한 소스인데 실제 만들어 보니 돈가스 소스로 우수하여 이 책에 소개해 본다. 돈가스 소스는 대개 과일이 많이 들어가는데 이 소스는 서양식 데미글라스와 토마토 소스 중간의 소스로 가격이 저렴한 돈가스에 사용하면 좋을 듯 싶다.

■ 재료

닭발 / 7kg
소뼈 / 3kg
물 / 50ℓ
양파 / 5kg
당근 / 2kg
월계수잎 / 5g
향신료(타임, 오레가노, 바질) / 약간
셀러리 / 200g
파슬리 / 100g
파 / 70g
토마토 / 12kg
토마토 퓌레 / 8kg
비프베이스 / 약간
밀가루 / 약간
버터 / 약간

■ 만드는 법

1. 닭발과 소뼈를 모두 넣고 6시간 동안 육수를 끓인다.
2. 꼭지와 껍질을 벗겨 주무른 토마토(12kg)를 넣고 2시간 동안 푹 끓인다.
3. 「2」를 걸러낸 다음 만들어진 토마토 퓌레 6kg을 넣고 비프베이스로 간한다.
4. 「2」~「3」의 과정을 거친 다음 토마토 퓌레 2kg을 볶아서 넣고 저어 준 다음 루(밀가루와 버터를 반반씩 볶은 것)로 농도조절하여 완성한다.

Secret of Sauce

5 중식 퓨전 소스의 비밀

소스의 농도를 맞출 때 물전분을 사용하는데, **맑은 소스**를 얻기 위해서는 물전분을 넣을 때 **불을 끄고 빠르게** 저어 준다. 다시 불을 올려서 살짝 저어 준 다음 파기름을 넣어 마무리한다. 불을 올리고 물전분을 넣으면 전분이 엉켜서 덩어리가 생겨 **좋은 소스**에 농도를 맞출 수 없다.

중식 퓨전 소스의 비밀

중국요리하면 몇 가지 의문사항이 있었다. 중국식당 주방에 가보면 도마가 왜 그리 큰지, 과거에 시장에서 생선, 닭 등을 파는 데 사용하는 도마와 비슷하다. 통나무 높이가 50cm 이상이고 둘레가 1m 정도인 것을 많이 보아왔다. 신라호텔은 플라스틱으로, 나무크기와 같은 것을 사용한다.

그리고 왜 칼이 네모지고 무거운지, 한 가지의 칼만을 가지고 어떻게 모든 요리를 하는지 궁금했다. 프라이팬 하나, 국자 하나면 모든 요리가 가능하다. 불이 왜 그렇게 센지 모르겠다. 마지막으로 그 많은 요리를 전분을 가지고 농도를 마무리하는 일이 궁금했다. 그래서 중국요리 전문가 이면희 씨를 초청하여 이 모든 것에 대한 해답을 얻었다. 결론을 말하자면 중국요리의 특징이 위에서 지적한 모든 것이라고 한다. 그러고 보니 이 모든 것을 식문화로 이해해야 할 것으로 생각된다. 내가 알기로는 이면희 씨는 중국에서 정통으로 요리공부를 한 우리나라 최초의 조리사이다. 그는 20년 전에 중국집 배달부터 시작한 사람으로 성실하고 학구열이 유별난 사람이다. 지금 한국인 중국요리 조리사로서 어학능력과 실기, 식문화를 이야기할 수 있는 사람 중에 최고라고 생각한다.

그가 소개한 몇 가지 소스의 비밀을 정리해 보면, 마늘 소스, 두반장 소스, 새콤달콤 소스, 마늘향 소스가 중국을 대표하

는 소스라는 것이다. 이들 제품으로 나온 이금기의 굴 소스와 두반장 소스에 대한 설명을 들었다.

마늘 소스는 우리가 먹는 해파리에 많이 이용되는데, 해파리에 곁들이는 것에 따라 마늘과 배를 사용한다고 한다. 마늘은 오이에 쓰고, 배는 양상추에 곁들인다. 마늘 소스의 중심은 식초와 설탕인데, 특히 식초는 선택을 잘 해야 한다. 이면희 씨는 화영식초만 고집한다. 중국 소스는 재료를 쌀알 크기로 써는 것을 원칙으로 한다. 모든 소스가 비슷한 것은 아마도 요리에서 보조역할을 하는 것이 소스이기 때문인 것 같다. 중국 소스는 소스의 재료를 섞는 데 신경써야 한다. 마늘 소스는 물 대신 닭 육수(물 10ℓ에 닭 한 마리 600g, 대파 1개 120g, 생강 20g, 청주 170㎖를 넣고 1시간 30분~2시간 끓인다)를 만들어 소금을 육수에 완전히 녹인 후, 설탕을 녹이고, 식초 넣고, 마늘과 참기름을 넣는다. 이렇게 만들어 해파리에 넣으면 되는데, 맛의 기준은 만드는 사람마다 다르다.

그리고 탕수육 소스는 새콤달콤한 맛이 기준이다. 뜨거운 팬에 식용유(대파기름)를 넣고 준비한 채소를 넣고 볶다가 식초를 팬 가장자리에 넣어 식초의 신맛을 날려 보낸다. 식초의 고유한 맛을 살리고, 물과 설탕을 넣어 간장으로 색을 내고, 소스가 끓으면 전분으로 농도를 맞추어 튀김한 재료를 팬에 넣어 네 번만 뒤집은 다음 접시에 낸다.

여기서 비결이 몇 가지 있는데, 원래 조리원리에서는 '사시 소스'라고 하여 설탕, 소금, 식초, 간장 순서로 재료를 넣는 데 반해, 이면희 씨는 식초를 처음에 넣는 것이 다르고, 전분은 감자전분 40g, 고구마전분 20g, 옥수수전분 20g을 섞어 사용하므로 전분의 맛이 구수하고, 색이 맑고, 단맛에 전분을 이용하는 것이 특이하다.

마지막으로 깐풍기 소스를 만들었는데, 이 소스는 닭 튀김 소스로 건고추와 파, 피망을 쌀알 크기로 썰어 청주, 식초, 간장, 육수, 설탕, 후춧가루를 넣고 팬에 볶은 후, 튀긴 닭을 넣어 섞은 후 접시에 담는다.

깐풍기는 1983년 프랑스 유학 당시 근무하던 식당의 스타메뉴로, 소스를 소개하면 닭 날개를 땅콩 소스에 튀긴다. 튀길 때 흰자와 물전분을 섞어 튀긴다. 소스는 팬에 마늘과 파를 다져 넣은 후 볶다가, 간장(일본 깅꼬망)을 넣고 마지막으로 조미료(당시 미원)를 넣고 끓이다가 튀긴 닭을 넣어 몇 번

뒤집은 후 접시에 담아 고객에게 제공한다. 따뜻한 닭 날개 맛을 아마 프랑스 파리에서 공부하던 유학생 모두는 기억할 것이다. 요즘도 소식을 듣는데, 인기는 여전하다고 한다.

이상으로 중식 소스 비밀을 소개해 보았는데, 소스의 비밀은 고객의 입맛에 맞게 한 것이 비결인 것 같다. 아무리 많은 비결을 가지고 소스를 만들었을지라도 고객이 외면하면 아무 소용이 없다.

01 인기있는 중식 퓨전 소스 제조비법 20가지

1. 냉채 마늘 소스

(1) 맑은 육수

■ 재료

닭 1마리 분량의 뼈 / 600g

대파 / 120g

생강 / 20g

청주 / 100㎖

물 / 12ℓ

■ 만드는 법

1. 닭뼈를 끓는 물에 한 번 데쳐낸다.
2. 위의 재료를 모두 넣고 약한 불에서 1시간 20분 정도 끓인다.

(2) 마늘 소스

■ 재료

위의 맑은 육수 / 80㎖

소금 / 8.4g

설탕 / 15g

다진 마늘 / 20g

참기름 / 2.5㎖

식초 / 60㎖

■ 만드는 법

1. 맑은 육수 80㎖에 소금 8.4g을 넣어 충분히 저어 소금을 완전히 녹인다.
2. 「1」에 설탕 15g을 넣어 역시 완전히 녹을 때까지 젓는다.
3. 식초 60㎖와 다진 마늘 20g, 참기름 2.5㎖를 넣어 하룻밤 재워서 완성한다.

소스 달인의 비밀노트

· **중식 요리의 순서 :** 냉채 → 탕 → 해물(부드러운 것) → 육류
· **중식 소스 분류 :** 찬(Cold) 소스 - 마늘 소스, 토마토 소스, 배 소스
뜨거운 소스 - 두반장 소스, 마늘 소스, 새콤달콤 소스
· **소스를 만들 때 첨가하는 순서 :** 육수-소금-설탕-식초-마늘-참기름 순서이다.

2. 토마토 소스

(1) 고추기름 내는 법

1. 식용유 3국자를 넣고 110~130℃로 가열한다(대파를 넣었을 때 지글지글하는 소리가 나는 정도).
2. 10cm 크기의 대파 3개와 고춧가루 1국자를 넣고 더 끓인다(팬의 온도가 더 올라가지 않도록 팬을 찬물에 잠깐씩 담갔다가 다시 가열하는 방식으로 한다).
3. 「2」가 완전히 식으면 걸러서 액체만 사용한다.

(2) 토마토 소스

■ 재료

토마토케첩 / 50㎖
고추기름 / 50㎖
설탕 / 6g
마늘(쌀알 크기로 썬 것) / 13g
셀러리(쌀알 크기로 썬 것) / 13g

• 전복, 패주, 새우 등 해산물

■ 만드는 법

1. 토마토케첩 50㎖에 고추기름 50㎖와 설탕 6g을 넣고 잘 젓는다.
2. 「*1*」에 마늘 13g과 셀러리 13g을 넣고 잘 젓는다.
3. 소라는 먼저 얇게 편을 떠서 끓는 물에 순간적으로 데쳐내어 청주에 버무렸다가 접시에 담는다.
4. 접시에 모양을 내어 마무리를 한 다음 「2」의 소스를 얹어서 낸다.

소스 달인의 비밀노트

· 고추기름을 낼 때는 식용유 : 고춧가루 = 4 : 1 비율이 적당하다.
· 토마토 소스를 만들 때는 토마토케첩 : 고추기름 = 1 : 1 비율이 좋다.
· 토마토 소스는 주로 해산물 요리에 쓰이는 소스이다.

3. 배 소스

■ 재료

맑은 육수 / 40mℓ
설탕 / 10g
배 으깬 것 / 10g
배즙 / 10mℓ
레몬즙 / 조금
소금 / 4g
식초 / 20mℓ
배(쌀알 크기로 썬 것) / 5g
참기름 / 5g

■ 만드는 법

1. 맑은 육수 40mℓ에 소금 4g을 넣고 완전히 녹을 때까지 젓는다.
2. 설탕 10g을 넣고 완전히 녹인다.
3. 식초 20mℓ를 「2」에 첨가한다.
4. 배 으깬 것과 쌀알 크기로 썬 것을 넣는다.
5. 배즙과 참기름, 레몬즙을 넣어 완성한다.

4. 두반장 마파두부 소스

▪ 재료

고추기름 / 20㎖
두반장 / 20㎖
청고추 잘게 썬 것 / 3g
대파 / 15g
다진 생강 / 1g
맑은 육수 / 250㎖
청주 / 30㎖
설탕 / 2g
참기름 / 0.3㎖
다진 돼지고기 / 25g
다진 쇠고기 / 25g
홍고추 잘게 썬 것 / 4g
다진 마늘 / 10g
소금 / 0.6g
물전분 / 15㎖
굴 소스 / 7㎖
후춧가루 / 0.3g
연두부 / 1모(250g)

▪ 만드는 법

1. 팬을 달구어 고추기름 20㎖를 넣고 다진 고기를 넣어 볶아서 잘 익힌다.
2. 다 익고 나면 두반장 20㎖를 넣고 잘 젓는다.
3. 청 · 홍고추를 각각 넣고 마늘, 생강 다진 것을 넣는다.
4. 「3」에 굴 소스 7㎖와 청주 30㎖를 넣는다.
5. 「4」에 설탕 2g, 후춧가루 0.3g, 육수 250㎖, 연두부를 넣고 전체 양이 50㎖ 정도 줄어든 다음 물전분을 넣어 농도를 맞추어서 완성한다.

소스 달인의 비밀노트

· 물전분은 감자 전분을 이용한다.
· 중국식 두반장은 간이 되어 있지 않다.

5. 깐풍기 소스(백영태 스타일)

■ 재료

육수 / 35㎖
청고추 잘게 썬 것 / 8g
간장 / 13㎖
설탕 / 3g
청주 / 20㎖
건고추 / 8g
다진 마늘 / 15g
홍고추 잘게 썬 것 / 5g
후춧가루 / 0.5g
식초 / 15㎖
식용유 / 5㎖

■ 만드는 법

1. 육수 35㎖에 마늘, 청 · 홍고추를 각각 넣는다.
2. 간장 13㎖와 후춧가루, 설탕, 식초, 청주를 「1」에 첨가한다.
3. 달구어진 팬에 식용유 5㎖를 두르고 건고추를 어슷썰기를 해서 볶는다.
4. 순간적으로 타버리기 때문에 조심히 볶아서 「2」에 넣고 섞는다.

소스 달인의 비밀노트

· 튀김 녹말의 비율은 녹말 : 물을 2 : 1로 하고, 전분의 비율은 감자 : 고구마 : 옥수수 = 4 : 2 : 1로 하는 것이 가장 좋다.
· 닭을 튀길 때 뼈가 있으면 3번 튀기고 뼈가 없으면 2.5번 튀긴다.

6. 새콤달콤 탕수육 소스
–식초와 설탕과 고기가 어우러진 맛

■ 재료

식용유 / 10㎖	식초 / 20㎖
물 / 140~160㎖	설탕 / 90g
간장 / 0.8㎖	물전분 / 10㎖

■ 만드는 법

1. 팬에 식용유 10㎖를 넣고 다듬은 채소를 넣고 향신료를 넣어 볶는다.
2. 식초 20㎖를 채소의 가장자리로 둘러서 치고 물을 넣는다.
3. 설탕, 간장, 물전분을 순서대로 넣어 농도를 맞추어 끓이면 완성된다.

소스 달인의 비밀노트

· 중식요리는 불이 좌우한다.
· 요리를 만들 때 불 위에서 소요되는 시간은 20초를 넘기면 안 된다.
· 요리를 만들 때 4번 이상 저으면 안 된다.
· 색깔 간장(간장 + 캐러멜)을 이용하는 요리는 해삼볶음 같은 해물요리가 좋다.

7. 건매실 탕수육 소스

■ 재료

설탕 / 2.5kg
식초 / 750㎖
물 / 750㎖
간장 / 375㎖
중국 간장 / 125㎖
우스터 소스 / 200㎖
건매실 / 45g

■ 만드는 법

1. 적당한 용기에 물과 설탕을 넣고 불을 올려서 설탕이 잘 용해되도록 천천히 젓는다.
2. 한소끔 끓으면 떠오르는 거품을 잘 제거한 후 불려놓은 건매실을 넣고 한 번 더 끓인다.
3. 설탕이 완전히 용해되면 모든 재료를 넣고 5분 정도 끓인 후 불을 끄고 식힌다.
4. 흐르는 물에 잘 식혀서 적당한 용기에 담아 잘 밀봉해서 냉장 보관한다.
5. 건매실을 일정한 용기에 담아서 1시간 정도 담가 두었다가 모든 재료를 넣고 끓인 탕수육 소스에 건매실을 넣고 같이 끓인 후 식힌다. 건매실을 건져 내지 말고 계속 소스에 담가 둔다.

소스 달인의 비밀노트

- 소스를 너무 오랜 시간 끓이지 말고 설탕이 완전히 용해될 정도(5~8분)로만 끓인 후 불을 끈다. 식초는 어느 정도 지나면 신맛을 조금씩 잃어버리기 때문에 음식이 나가기 전에 맛을 보고 약간의 식초를 첨가한다.
- 건매실은 예로부터 속 아픈 것을 다스리고 한의학에서는 담석증에 좋다고 한다. 신맛과 단맛을 가지고 있으며, 일반 매실보다 건매실이 영양가가 훨씬 높아 건강에 더 좋다.
- 신맛과 단맛은 식성에 맞게 잘 조절하면 된다. 소스에 소금을 적당량 넣는 경우도 있는데, 이것은 단맛과 신맛을 더 강화시키기 위해서이다.

8. 케첩 탕수육 소스

탕수육 소스는 너무나도 잘 알려진 소스 중에 하나이고 한국의 중식을 표현하는 한 장르로 대변할 수 있다.

간장을 이용한 맑은 소스와(북경식) 케첩을 이용한 소스(광동식)로 분류할 수 있다.

■ 재료

설탕 / 1.6kg
물 / 1.3㎖
커피슈가 / 75g
A1 소스 / 450g
식초 / 550㎖
토마토케첩 / 600g
소금 / 18g

■ 만드는 법

1. 적당한 용기에 설탕과 물을 넣고 끓이면서 설탕이 잘 녹을 수 있도록 천천히 젓는다.
2. 끓기 시작하면 토마토케첩과 모든 재료를 넣고 끓이다가 떠오르는 거품은 충분히 제거한다.
3. 5~8분 동안 충분히 끓인 후 불을 끄고 식혀서 용기에 담아 밀봉해서 냉장 보관한다.

소스 달인의 비밀노트

- 토마토케첩을 가지고 많은 사람들이 논란을 가진다.
- 특정 회사 제품에 따라 맛이 차이가 난다고 한다. 주방장에 따라 사용하는 케첩이 달라 맛이 조금씩 차이가 나는 것 같다.
- 요리가 나갈 때 너무 센 불에서 소스가 오래 끓게 되면 케첩의 맛을 충분히 살릴 수 없다. 불조절을 잘 하면서 재료와 소스가 충분히 섞이도록 한다.

9. 태국 고추를 가미한 매운 크림 소스

육류 및 닭고기에 잘 어울리며 또는 꼬치요리에 잘 어울리는 소스이다. 부드럽고 깊은 맛을 내며 태국고추가 가미되어 맵지만 부드럽다.

■ 재료

생크림 / 1ℓ
소금 / 4g
조미료 / 3g
백후춧가루 / 2g
파기름 / 0.05㎖
소흥주 / 20㎖
설탕 / 50g
로즈메리 가루 / 3g
태국고추 간 것 / 30g

■ 만드는 법

1. 코팅이 되어 있는 소스 용기에 생크림을 붓고 약한 불에서 뭉근하게 끓인다.
2. 생크림이 끓기 시작하면 소흥주를 넣고 1/2 정도 졸인다.
3. 적당하게 졸면(수저에서 주루룩 떨어지는 정도) 태국고추 간 것과 로즈메리 가루를 넣고 잘 저어 주고 설탕, 소금으로 간한 다음 불을 끄고 마무리한다.
5. 불을 끄고 파기름을 넣고 살짝 젓는다.
4. 용기에 담아 중탕으로 따뜻하게 보관한다.

소스 달인의 비밀노트

· 생크림을 충분히 졸이는 것이 가장 중요하다.
· 소스 냄비에 눌러 붙지 않도록 잘 저어 준다.

10. 광동식 칠리 소스

요리에 곁들여 먹는 소스로 육류 및 해산물 탕류에 조금씩 넣어서 먹으면 더 좋은 맛을 느낄 수 있다. 여러 가지 채소와 양념이 충분히 들어 있고 한국 사람 입맛에 잘 맞는다.

■ 재료

대파 / 150g
태국고추 / 80g
파기름 / 50㎖
생강 / 50g
청피망 / 250g
홍피망 / 250g
홍고추 / 150g
청양고추 / 100g
두반장 / 480g
물엿 / 60g
마늘 / 200g
고춧가루 / 50g
칠리오일 / 50㎖
식초 / 30㎖
진간장 / 80㎖
참기름 / 100㎖
향식초 / 300㎖
스위트 칠리 소스 / 368g

■ 만드는 법

1. 마늘과 생강을 칼로 잘게 다진다.
2. 대파와 청·홍피망, 청양고추도 씨를 버리지 말고 같이 다져 놓는다.
3. 스위트 칠리 소스, 두반장은 뚜껑을 따서 내용물을 비우고 간장을 넣어서 깨끗이 씻어 소스에 넣는다.
4. 준비해 둔 마늘과 생강, 채소를 용기에 담고 모든 재료를 넣고 잘 젓는다.
5. 준비해 둔 태국고추와 고춧가루를 맨 나중에 넣어서 잘 젓는다(소스에 물이 많으면 고춧가루를 좀 더 넣어 농도를 조절한다).
6. 적당한 용기에 담아 밀봉해서 냉장 보관한다.
7. 요리에 제공되기 전에 소스를 충분히 저어서 모든 재료가 잘 섞이도록 한 후 담아서 나간다(냉장고에 오래 보관되어 있으면 소스가 물과 분리되기 때문이다).

Secret Sauce of

소스 달인의 비밀노트

· 채소는 칼로 다지되 너무 심하게 오래 다지지 않도록 한다. 너무 오래 다지면 채소에서 즙이 빠져 향을 충분히 살릴 수 없다.
· 소스는 냉장 보관하여 4일 정도 지났을 때 먹기 좋게 숙성된다.
· 다음 소스를 만들 때 남아 있는 재고 소스를 버리지 않고 섞어 주면 더 좋은 맛을 얻을 수 있다.
· 일반적으로 요리에 곁들여 먹는 소스이기 때문에 너무 짜면 안 된다.

11. 중국식 마요네즈 소스

마요네즈와 크림 연유를 이용해서 만든 소스로서 맛이 달콤하며 새우 등에 잘 어울린다. 아이들이 특히 좋아하는 소스 중에 하나이다.

일반적으로 소스에 물을 넣어서 나가기 전에 프라이팬에서 한 번 끓인 후 물전분으로 농도를 맞춰서 뜨겁게 나가는 것과 물을 넣지 않고 차가운 상태로 버무려서 나가는 것 2가지로 분류되며 주방장의 선택에 따라 달라진다.

■ 재료

마요네즈 / 3.24kg(1통)	휘핑크림 / 50㎖
연유 / 500g	생크림 / 80㎖
머스터드 / 40g	레몬 / 4개
식초 / 50㎖	소금 / 10g

■ 만드는 법

1. 레몬은 즙을 짜서 체에 밭쳐 씨를 제거해서 준비해 둔다.
2. 마요네즈를 휘핑기에 넣고 연유와 머스터드를 넣고 레몬즙과 모든 재료를 넣고 충분히 휘핑해 준다.
3. 적당한 용기에 담아 냉장 보관한다.

소스 달인의 비밀노트

· 단맛을 더 내려면 꿀이나 설탕, 물엿을 첨가하기도 한다.

(1) 레몬을 넣은 마요네즈 소스

■ 재료

마요네즈 / 3.32kg
물 / 4.25ℓ
설탕 / 1.2kg
생크림 / 500㎖
소금 / 35g
레몬 / 5개

■ 만드는 법

1. 레몬은 즙을 짜고 모든 재료를 넣고 잘 섞이도록 젓는다.
2. 적당한 용기에 담아서 냉장 보관한다.
3. 요리가 나가기 전에 소스를 프라이팬에 넣고 끓인 후 물전분으로 농도를 맞춘 후 요리 위에 뿌려 준다.

12. 유림기 소스

우리나라에서는 요리의 주 재료로 닭다리 살을 많이 사용하며, 소스의 매콤한 맛과 새콤한 맛이 일품이다.

■ 재료

채 썬 청 · 홍고추 / 5g	채 썬 대파 / 7g
채 썬 양파 / 5g	채 썬 비트 / 4g
간장 / 1ℓ	식초 / 1ℓ
설탕 / 1ℓ	육수 / 500㎖
타바스코 / 150㎖	후춧가루 / 약간
다진 생강 / 약간	

■ 만드는 법

1. 청 · 홍고추는 반으로 잘라서 씨를 제거한 후 얇게 채 썰어 놓고 생강도 다져 놓는다.
2. 대파와 양파도 모두 얇게 채 썰어 놓는다. 비트는 채 썬 후 흐르는 물에 씻어서 붉은 색을 충분히 뺀다.
3. 모든 채소를 같이 섞어서 얼음물에 담가서 준비한다.
4. 다진 생강을 물에 담가서 씻은 후 물기를 제거한다.
5. 육수에 태국 건고추를 넣고 5분 정도 끓인다.
6. 소스팬에 기름을 넣고 다진 생강을 넣고 튀긴다. 갈색이 나면 건져서 기름을 뺀다.
7. 간장, 식초, 설탕을 넣은 다음 육수를 붓고 준비해 둔 생강과 타바스코를 넣어 마지막으로 후춧가루로 마무리한다.
8. 적당한 용기에 담아서 냉장 보관한다.

소스 달인의 비밀노트

· 채소는 요리가 나갈 때 소스를 뿌리고 위에 얹어서 나간다.
· 소스는 차게 나가기 때문에 항상 냉장 보관한다.
· 요리 밑에 양상추 등을 깔아 소스와 함께 먹으면 더 맛있게 먹을 수 있다.
· 육수는 닭 육수에다 매운 건고추를 넣고 한 번 더 끓인다(매운 맛을 내기 위함).

13. 중국요리 전문식당 굴 소스

기본 굴 소스에 양념을 첨가해서 만들어 두었다가 요리 나갈 때 주로 양념 소스로 활용할 수 있다. 채소류, 해산물 등 육류요리에 두루 잘 어울린다.

■ 재료

굴 소스 / 350g
중국 간장(노두유) / 150g
청주 / 50mℓ
소흥주 / 20mℓ
참기름 / 8mℓ
파기름 / 25mℓ
후춧가루 / 5g
진간장 / 20mℓ
조미료 / 15g
육수 / 2.5ℓ
간 마늘 / 20g
간 생강 / 10g
설탕 / 140g
소금 / 5g

■ 만드는 법

1. 기름을 프라이팬에 두르고 생강, 마늘을 넣고 볶다가 청주과 간장을 넣고 다시 한 번 살짝 볶은 후 굴 소스를 넣고 육수를 넣은 다음, 모든 재료를 넣고 한소끔 끓인다.
2. 어느 정도 끓으면 고운 체를 이용해서 마늘과 생강을 깨끗이 건져낸다. 떠오르는 거품은 충분히 제거한다.
3. 마지막으로 참기름과 파기름을 넣고 마무리한다.
4. 적당한 용기에 담아서 냉장 보관한다.

소스 달인의 비밀노트

· 요리가 나갈 때 소스의 농도와 색이 중요하므로 요리에 맞게 소스를 넣고 농도와 색을(중국 간장 = 노두유) 맞춘다.
· 굴 소스 자체에 전분이 함유되어 있기 때문에 소스 농도를 맞출 때 물 전분을 적게 사용해야 한다.
· 굴 소스는 중국요리에 가장 보편적으로 쓰이는 식자재로서 생굴을 소금물에 담가 두었다가 발효시켜 윗물을 따라내고 여러 가지 양념을 넣고 농도를 맞춘 소스 중 하나이다.
· 지금은 중국요리뿐만 아니라 다른 요리에도 많이 응용해서 사용하고 있는 추세이다.

· 소스의 농도를 맞출 때 물전분을 사용하는데, 맑은 소스를 얻기 위해서는 물전분을 넣을 때 불을 끄고 빠르게 저어 준다. 다시 불을 올려서 살짝 저어 준 다음 파기름을 넣어 마무리한다. 불을 올리고 물전분을 넣으면 전분이 엉겨 덩어리가 생기므로 좋은 농도를 맞출 수 없다.

14. 호텔식 레몬 소스

레몬은 상큼한 맛과 단맛을 가미한 소스로서 닭이나 육류에 잘 어울린다. 이 소스에 다른 재료를 섞어서 사용하면 더 좋은 응용 소스를 만들 수 있다.

■ 재료

레몬(슬라이스) / 2개
레몬즙 / 500㎖
물 / 800㎖
설탕 / 1.2kg
액상버터 / 80㎖
소금 / 50g

■ 만드는 법

1. 레몬은 즙을 짜서 고운 체에 밭쳐 씨를 제거한다.
2. 중식 프라이팬에 물과 설탕을 넣고 잘 젓는다.
3. 액상버터와 레몬즙을 넣고 끓인다.
4. 끓으면 떠오르는 거품을 제거한 후 불을 끈다.
5. 적당한 용기에 담아서 냉장 보관한다.

소스 달인의 비밀노트

- 레몬에는 비타민 C의 함량이 높기 때문에 소스를 절대 오래 끓이지 않는다.
- 요리가 나갈 때도 소스가 끓으면 빠르게 물전분을 사용해서 농도를 맞춘다.

15. 호텔식 깐풍기 소스

깐풍(乾烹)이란 한자의 뜻을 살펴보면 소스가 없이 마르게 볶아내는 조리법을 말하며, 육류와 튀김요리에 잘 어울리는 요리이다.

■ 재료

다진 청 · 홍피망 / 10g
다진 대파 / 7g
다진 마늘 / 6g
다진 생강 / 3g
육수 / 1ℓ
설탕 / 250g
진간장 / 500mℓ
굴 소스 / 120mℓ
후춧가루 / 30g
식초 / 750mℓ
조미료 / 50g
중국 간장(노두유) / 30mℓ

■ 만드는 법

1. 청 · 홍피망은 잘게 다져 놓는다.
2. 대파와 마늘, 생강도 다져서 준비한다.

3. 중식 프라이팬에 육수를 붓고 설탕을 넣어 잘 젓는다.
4. 모든 재료를 넣은 다음 끓기 시작할 때 떠오르는 거품을 충분히 제거한다.
5. 마지막으로 중국 간장으로 소스의 색을 조절한다.

소스 달인의 비밀노트

- 채소는 요리가 나갈 때 프라이팬에 기름을 넣고 살짝 볶아 향을 내고 적당량의 소스를 넣고 튀김한 재료에 충분히 소스가 스며들게(소스가 흐르지 않고 마르게) 하는 것이 가장 큰 포인트이다.
- 중국 간장(노두유)은 우리나라 간장과는 다르다. 맛은 단맛이 강하고 색이 많이 짙다.
- 중국 간장을 넣을 때는 절대 많이 넣지 않으며, 조금씩 넣어 가며 색깔을 조절한다. 짠맛을 내는 것이 아니라 소스의 색 농도를 맞추는 데 사용한다.

16. 중식 식초 소스

서양의 발사믹 식초와 중국 간장을 넣어 만든 소스로, 독특한 맛을 느낄 수 있다.

■ 재료

중국 간장(노두유) / 80㎖
발사믹 식초 / 300㎖
레드와인 / 100㎖
꿀 / 100㎖
물 / 1ℓ
소흥주 / 50㎖
파기름 / 150㎖
참기름 / 5㎖

■ 만드는 법

1. 프라이팬에 발사믹 식초를 넣고 먼저 5분 정도 끓인다.
2. 물을 넣고 소흥주, 레드와인, 꿀을 넣고 다시 끓이면서 떠오르는 거품을 충분히 제거한다.
3. 마지막으로 중국 간장과 참기름, 파기름을 넣고 마무리한다.
4. 소스는 흐르는 물에 잘 식혀서 냉장 보관한다.

소스 달인의 비밀노트

- 요리가 나가기 전에 소스를 프라이팬에서 충분히 졸인 다음 물전분으로 농도를 맞춘다.
- 발사믹 식초는 어느 정도 졸이는 것이 더 풍부한 맛을 얻을 수 있다.

17. 블랙빈 소스

검정콩을 발효시켜서 만든 것으로 항암작용에 효과가 있고, 생선요리 · 육류요리 등에 많이 쓰인다.

■ 재료

다진 생강 / 50g
다진 대파 / 80g
다진 마늘 / 50g
파기름 / 80mℓ
블랙빈 소스 / 160g
굴 소스 / 70g
조미료 / 15g
동구버섯, 죽순, 목이버섯, 홍고추, 청피망 다진 것(채소) / 약간
육수 / 1.5ℓ
청주 / 50mℓ
후춧가루 / 20g
참기름 / 50mℓ
중국 간장(노두유) / 30mℓ
설탕 / 50g

■ 만드는 법

1. 생강, 마늘, 대파는 잘게 다져 놓는다
2. 프라이팬에 기름을 두르고 생강, 마늘, 대파를 넣어 살짝 볶고, 청주와 간장을 넣어서 향을 낸다.
3. 블랙빈 소스와 굴 소스를 넣고 볶다가 육수를 넣고 나머지 재료를 넣고 끓인다.
4. 떠오르는 거품은 충분히 제거한다. 용기에 담아 식힌 후 냉장 보관한다.
5. 요리에 나가기 전에 소스를 충분히 저어서 재료가 골고루 섞이도록 한 다음 사용한다.
6. 채소는 적당량을 넣어서 프라이팬에 살짝 볶은 후 준비해 둔 소스를 넣고 물전분으로 농도를 맞춘다.

소스 달인의 비밀노트

- 블랙빈 소스는 건강에 좋다고 밝혀지면서 요리에 많이 사용하고 있다.
- 특히 흰살 생선에 블랙빈 소스를 사용하면 흰색과 검은색의 조화에 더욱더 요리가 맛깔스럽게 보이는 시각적인 효과도 충분히 얻을 수 있다.
- 검은콩을 삭혀서 말린 후 마늘과 함께 양념을 넣고 만든다.
- 모든 요리에 잘 어울리며 비린내를 제거하는 효과를 얻을 수 있다.

18. 새우 칠리 소스

■ 재료(산출량 : 100㎖)

설탕 / 8g	소금 / 7g
대파 / 20g	생강 / 5g
마늘 / 20g	피망 / 18g
참기름 / 5㎖	고추기름 / 5㎖
토마토케첩 / 30g	청주 / 10㎖
두반장 / 15g	물 / 50㎖

■ 만드는 법

1. 대파, 마늘, 피망, 생강은 잘게 다져 놓는다.
2. 팬에 기름을 두르고 두반장과 함께 대파, 마늘, 피망, 생강을 볶고 물을 넣는다.
3. 고추기름, 토마토케첩, 설탕을 넣어 양념하고 튀겨낸 새우를 넣어 약간 졸인 후 녹말을 풀고 걸쭉하게 한 다음 참기름으로 마무리한다.

소스 달인의 비밀노트

· 케첩을 이용한 소스로서 소스에 맛을 내는 가장 큰 비결은 설탕과 소금을 적절하게 배합하는 것이다. 설탕을 많이 첨가하면 맛이 너무 달고 탁한 맛을 내기 때문에 주의한다.

19. 오향장육 소스

■ 재료(산출량 : 200㎖)

청주 / 30㎖
간장 / 15㎖
설탕 / 15㎖
오향 / 5g
파잎 / 10g
생강 / 10g
마늘쪽 / 10g

■ 만드는 법

1. 술, 설탕, 간장, 오향, 파, 생강, 마늘을 재웠다가 물(육수) 100㎖를 넣고 끓기 시작하면 약불에 졸인다(설탕은 마지막에 조금 뿌린다).
2. 고기에 마늘, 생강, 파, 된장, 간장, 설탕, 물, 술, 향신료, 물엿을 넣어 졸인다.

소스 달인의 비밀노트

· 1차적으로 고기를 한 번 삶을 때 전부 익히는 것이 중요하다. 그리고 모든 재료를 넣고 찜통에 넣어 1~2시간 정도 용기에 담아서 찌면 고기도 연하고 양념이 고기 재료에 골고루 배어서 한층 더 맛을 풍부하게 할 수 있다.

일반적으로는 모든 재료를 넣고 삶는 것이 보통이지만 찜통에 넣고 찌는 것도 색다른 맛을 낼 수 있다.

(「요리와 소스」 p. 239에서 발췌)

20. 호텔식 자장 소스

■ 재료(산출량 : 500㎖)

채 썬 오이 / 30g
호박 / 50g
춘장 / 60g
육수 / 300㎖
청주 / 20㎖
굴 소스 / 10㎖
물전분 / 20㎖
참기름 / 2㎖
양파 / 350g
돼지고기 / 30g
식용유(춘장 볶음용) / 25㎖
식용유(볶음용) / 25㎖
간장 / 20㎖
설탕 / 5g
후춧가루 / 2g

■ 만드는 법

1. 양파와 호박을 가로, 세로 1.5cm 크기의 정사각형으로 썬다. 오이는 껍질을 벗겨서 얇게 채 썬다.
2. 돼지고기도 1.5cm 크기로 썰어 준비한다.
3. 팬에 기름을 두른 후 춘장을 넣어 은근하게 볶는다.
4. 중식팬에 기름을 두르고 준비해 둔 채소와 고기를 넣고 볶다가 청주와 간장을 넣고 1분 정도 볶는다.
5. 「*4*」에 볶아 놓은 춘장을 넣고 호유, 설탕, 후춧가루를 넣고 볶는다.
6. 색이 나면 육수를 넣고 한 번 끓인다. 이때 물전분을 넣어 농도를 맞추고 참기름을 넣은 후 마무리한다.

소스 달인의 비밀노트

· 위 소스에서 돼지고기만 제거하고 사찰 된장을 넣으면 사찰요리 소스로도 응용할 수 있다.
· 우리나라 된장을 첨가하여 만들면 맛이 구수하고 향이 좋아 노인분들이 아주 좋아한다.

6 일식 소스의 비밀

음식의 맛을 더해 주는 일식 소스는 몇 가지로 구분할 수 있다. 단맛 내는 소스, 감칠맛 내는 소스, 신맛 내는 소스, 짠맛 내는 소스, 촉감을 좋게 하는 소스, 풍미를 좋게 하는 소스로 나눌 수 있다. 일본음식은 일본어 히라가나의 음절순서처럼 사(설탕), 시(소금), 스(식초), 세(간장), 소(된장)에 의한 법칙대로 조미하는 것을 중시한다.

일식 소스의 비밀

음식의 맛을 더해 주는 일식 소스는 몇 가지로 구분할 수 있다. 단맛을 내는 소스, 감칠맛을 내는 소스, 신맛을 내는 소스, 짠맛을 내는 소스, 촉감을 좋게 하는 소스, 풍미를 좋게 하는 소스로 나눌 수 있다. 일본 음식은 일본어 히라가나의 음절 순서처럼 사(설탕), 시(소금), 스(식초), 세(간장), 소(된장)에 의한 법칙대로 조미하는 것을 중시한다.

채소는 설탕, 소금, 간장, 식초, 된장의 순서이지만, 생선일 경우 청주, 설탕, 소금, 된장의 순서로 맛을 낸다. 이 중에서도 주식이나 부식 이상으로 잊어서는 안 되는 것이 간장과 된장이다. 특히 간장은 소스로 가장 많이 이용하고 있다. 일본의 간장은 향기, 맛 등이 뛰어나다.

나는 일본에서 음식을 먹을 때 조금 어려움을 겪곤 했다. 우리의 음식처럼 칼칼한 맛이 없고 모든 음식이 밍밍하고, 달콤했기 때문이었다. 일본은 같은 동양권이지만 김치 같은 음식이 적은 이유를 모르겠다. 일본 음식에서 소금은 소스의 비밀을 많이 간직하고 있는 식재료인 것 같다. 실제로 소금의 염도는 온도가 높아질수록 혀의 감각이 둔해지므로 뜨거울 때 소금의 간을 맞추면 소스를 망치게 된다. 소금과 설탕을 함께 사용할 때는 설탕을 먼저 넣고 소금은 나중에 넣어야 한다. 소금을 넣으면 식재료가 부드럽지 않고 단단하게 조리되기 때문이다. 설탕은 당도가 다르므로 백설탕 · 흑설탕을 조심스럽게 선택해야 한다. 설탕을 넣으면 소스의 보존성이 높아지는 방부제 역할을 한다. 간장은 생선조림을 할 때 많이 넣는 소스인데, 비린내 제거에 탁월하다. 식초는 양조와 합성 식초가 있는데, 소스의 살균작용과 보존역할을 한다. 된장 소스는 여름 된장은 짠맛이 진하고, 겨울 된장은 염도가 낮으므로 소스를 만들 때 참고해야 한다. 우리나라 간장공장에서도 여름, 겨울의 염도 차이가 나므로 소스 만들 때 꼭 참고해야 일정한 맛을 낼 수 있다. 그리고 일본 특유의 맛술은 너무 많이 넣으면 소스의 질이 떨어지므로 조심해야 한다.

이외에도 일본을 대표하는 소스는 와사비(고추냉이)가 있다. 와사비는 일본의 특산물로서 맑고 시원한 물이 흐르는 산간 지방의 자갈밭, 모래가 많은 지역에서 재배한다. 톡 쏘면서 신선한 매운맛과 향기가 특징이다. 향신료로 쓰이는 것은 뿌리가 굵고, 잎이 밀집되어 있으며, 물기가 많은 것이 좋다. 우리나라에서는 아직 재배되지 않으며 적은 양이 일본에서 들어오고 있다. 상어 껍질로 된 강판에 원형으로 돌려 갈아 매운맛과 향을 살리지만 재배한 와사비는 점성이 작아 시중에서 판매하는 강판으로 가는 것이 좋을 때도 있다. 이 외에도 곱게 채 썰어 사용하기도 하며 회, 생선초밥, 양념 및 맑은 국물의 향으로 쓰인다. 사용할 만큼만 갈아 빨리 사용하는 것이 향의 보존에 좋다. 최근에는 생와사비를 갈아서 튜브에 넣어 냉동 상태로 시판하는 것도 있다.

우리나라에서 일반적으로 많이 사용하는 가루와사비는 서양요리에서 많이 사용하는 스파이스의 종류인 홀스래디시(Horse Redish)라고 하는 와사비와 비슷하면서 흰색을 많이 띤 것이며, 주로 밭에서 재배하며 그것을 건조분말화해서 와사비분말과 혼합하여 만든 것이다.

돈가스 소스의 유래

돈가스는 오스트리아에서 인기 있는 전통 음식인 송아지 고기를 주 재료로 한 빌 커틀릿(Veal Cutlet)으로 많이 팔리고 있다. 오스트리아에서는 이 요리에 레몬과 양배추를 식초로 무친 샐러드가 곁들여지고 소스는 없다. 튀김이 느끼하므로 아마도 레몬과 곁들인 샐러드로 마무리하는 것으로 생각된다.

돈가스는 원래 프랑스 요리인 꼬틀렛(Cotelette)이 영국으로 건너가 커틀릿(Cutlet)으로 되면서 영국식 튀김방법이 첨가된 것 같다. 영국식 튀김은 재료에 밀가루를 묻히고 계란을 묻힌 다음 빵가루를 묻혀 기름에 튀기는 것이다. 이것이 일본으로 건너오면서 가쯔레즈로 되었다. 커틀릿 발음이 아마도 일본인들에게는 가쯔레즈로 들렸던 것 같다. 가쯔레즈가 돈가스이면 이것이 1970년대 일본 음식으로 한국에 상륙해서 지금까지 어린이들의 최고 메뉴가 아닌가 생각한다. 그 당시 졸업식 때 자장면 아니면 돈가스가 최고 요리였던 것으로 생각이 된다. 이 요리가 200년 전에 일본으로 오면서 일본의 식문화가 바뀌게 되었다고 오가타 데츠는 주장하고 있다.

일본인들은 몇 백 년 동안 종교에 의한 채식을 주로 한 민족인데, 돈가스 요리가 들어옴으로써 육식 공포증을 해결한 요리혁명이라고 주장하고 있다. 처음에는 귀족들이 먹다가 점차 대중음식으로 자리를 잡아갔는데, 일식과 양식의 방법이 겹치므로 서양과 다르게 간장이 소스로 등장하게 되었다. 이는 1929년에 처음으로 우에노에 있는 '폰 치켄' 이란 집에서 탄생되었다고 한다. 원래 이 집 주인은 황실 주방에서 근무한 적이 있는데, 고기를 잘라서 튀겨 포크, 나이프로 먹는 것이 아니라 젓가락으로 먹게 만들었다. 곁들임으로 빵 대신 밥, 된장국, 잘게 썬 양배추를 곁들여 일본식 양식을 선보였다.

돈가스의 생명은 부드럽고 바삭바삭한 식감이라고 할 수 있는 것이다. 그 맛의 비밀은 수많은 시행착오 끝에 발견한 3중 튀김과 껍질의 구조에 있다. 이것이 1,200년간의 일본인의 육식 공포증을 해결해 주었고, 일본의 근대화 성공비결이 상징적으로 담겨져 있다고 본다. 즉 서양의 음식을 일본인 입에 맞게 고쳐 맛으로 세상을 변하게 할 수 있다고 믿게 되었다. 그런 점에서 이것은 메이지유신이 아닌 요리유신이기도 하다고 했다. 일본의 양식 삼총사로는 돈가스, 고로케, 카레라이스가 대표적으로 알려져 있다. 돈가스가 우리나라에서도 아주 인기 있는 품목이 된 것은 어제 오늘의 일이 아니다.

나는 불광동에서 오랫동안 살았다. 불광역에서 밖으로 나오면 '삼성 전기 통닭집' 이 있었다. 이 집은 통닭과 돈가스가 주 메뉴인데, 돈가스를 주문하면 야채 크림스프와 돈가스가 나오는데 접시와 돈가스 모두 컸다. 접시 상단에는 양배추를 곱게 썰어서 마요네즈에 토마토케첩을 적당히 섞은 붉은색의 소스가 곁들여지고 옥수수 샐러드를 주는데, 맛이 무척 좋았다. 소스는 데미그라스와 데리야끼를 반반 섞은 것인데, 신라호텔 돈가스보다 맛있다고 생각했다. 지금 생각하니 신라호텔은 돼지고기에 빵가루를 묻혀 바로 튀기지 않고 냉동 또는 몇 시간 지난 후에 튀겼다. 그래서 빵가루가 눅눅하고 고기의 질감이 떨어져서 즉석에서 만들어 주는 삼성 전기 통닭집 돈가스 맛을 따라가지 못한 것 같다. 요즘도 '돈가스' 하면 이 집이 생각난다.

이 집의 돈가스 소스는 간장으로 만든 데리야끼 소스를 제공했던 것 같다. 원래 일본은 돈가스 소스를 두 가지로 구분하는데, 영국의 우스터 소스(Worcester-shire Soy Sauce)를 주 재료로 하여 만든 소스와 과일을 갈아서 식초와 같이 제공하는 소스가 있다. 이 소스만큼 다양한 것도 없을 것이다. 내가 수집한 돈가스 소스만도 수십 가지이며, 집집마다 다른 소스를 가지고 있으므로 어느 것이 최고라고 할 수는 없다.

일본의 우스터 소스는 식초가 포함되어 있는 간장이다. 원래 돈가스는 과일에서 나오는 단맛과 신맛, 그리고 걸쭉함을 살린 소스로 보면 된다. 재료는 사과, 파인애플, 토마토, 양파, 당근, 셀러리를 곱게 갈아서 끓인 후에 고기육수를 첨가하면 된다. 각자 나름대로 다른 향신료를 넣는 것이 좋다. 기존 소스를 구입하여 자기만의 노하우를 가지고 소스를 만들어 파는 아웃소싱의 개념을 빨리 도입하는 집이 성공할 것이다.

영등포 역전에 가보면 '오메가 돈가스'가 있는데, 이 집은 소스의 맛보다 고기가 맛이 있다. 일본 전통 돈가스는 두꺼운 것이 특징이고, 우리나라에서는 얇게 두드려 펴서 30cm 이상 크게 만드는 것이 특징이다. 두꺼운 돈가스는 소스가 간장이 아닌 우스터 소스를 써야 하는데, 이 소스는 짜고 신맛이 많이 나며 매운맛이 느껴지고, 걸쭉하지 않고 맑은 것이 특징이다. 이 소스 맛의 특징은 식초 때문에 짜릿하고 매운맛과 함께 식후감을 좋게 한다. 솔직히 돈가스 소스의 비결에 대해 대개의 책들은 목표량이 적당량이란 말이 많다.

「소스의 이론과 실제」에서는 소금, 후추만 적당량이라고 표기하고, 나머지는 소스를 만들어본 후, 양을 기록해서 책을 냈다. 그러나 책에 있는 그대로 소스를 만들면 잘 안 된다고 항의하는 분들이 많지만 어쩔 수 없는 일이다. 왜냐하면 소스 만들 때 냄비 종류, 재료의 질, 불의 세기, 조리기술 등이 같을 수 없기 때문에 소스의 맛과 농도 등이 똑같을 수가 없는 것이다.

돈가스 소스의 비밀을 찾으면서 느낀 것은 돈가스는 고기의 질, 빵가루 수분, 기름온도, 기름종류, 돈가스 곁들임, 냉동 여부 등이 맞아야 소스가 맛있다는 것이다. 그 나머지가 안 좋은데 단순히 소스의 맛만 있다고 돈가스가 맛있어지는 것이 아니다. 이 책은 시험 답안지처럼 족집게 답안을 알려 주고자 하는 것이 아니다. 소스 만들 때 많은 연습을 통해서 하나하나 비밀을 터득해 나갈 때 요리의 맛이 좋아지고 나의 실력이 올라가는 것이므로 안이한 생각으로 소스를 만들면 안 된다는 것이다. 돈가스 튀기는 기술, 튀김옷, 기름, 돼지고기, 소스에 이르기까지 모든 노력을 기울여야 자기만의 돈가스와 소스가 만들어지는 것이다.

01 돈가스 소스

1. 서양식 돈가스 소스

■ 재료

혼드보(갈색 육수) / 2ℓ
채 썬 셀러리 / 25g
사과 / 100g
레몬 주스 / 5㎖
꿀 / 10㎖
1/3로 졸인 적포도주 / 50㎖
부케가르니 / 1개
채 썬 양파 / 100g
파인애플 통조림 / 50g
흑설탕 / 10g
발사믹 식초 / 80㎖
굴 소스 / 50㎖
오일 / 약간

■ 만드는 법

1. 팬에 오일을 두르고 양파, 셀러리를 볶다가 파인애플, 사과를 넣고 볶는다.
2. 「1」에 향신료와 재료들을 넣고 끓으면, 향신료를 넣고 은근한 불에서 졸인다.
3. 완성되면 고운 체에 걸러 농도를 맞춘다.

● 이 소스는 필자가 추천하는 서양식 돈가스 소스이므로 응용해 보기 바란다.

2. 일본 정통 돈가스 소스

형설출판사에서 발행된 김원일 씨의 「돈가스」라는 책에 소개된 일본 오사카에 있는 유명한 돈가스 전문점의 돈가스 소스의 분량과 만드는 방법은 다음과 같다.

■ 재료

돈가스 소스 / 1.8ℓ
토마토케첩 / 1ℓ
양파 / 160g
서양 겨자 / 20g
우스터 소스 / 0.9ℓ
사과 / 245g
마늘 / 12g
청주 / 200㎖

■ 만드는 법

1. 냄비에 돈가스 소스, 우스터 소스, 토마토케첩을 넣어 둔다.
2. 사과는 강판에 갈아서 「1」의 냄비에 넣고 연이어 강판에 양파와 마늘을 갈아서 첨가한다.
3. 냄비를 불에 올려 끓인 후 청주와 서양 겨자를 넣고 걸쭉하게 되도록 끓인다.
4. 눈금이 아주 잔잔한 체로 거르면 마무리된다.

■ 참고사항

다른 방법으로는 사과, 양파, 마늘을 강판에 갈아서 용기에 넣고, 우스터 소스, 돈가스 소스, 서양 겨자, 청주를 잘 배합한 뒤 열을 가하지 않고 그대로 냉장고에 넣어 두고 사용하면 된다.

3. 일반 식당에서 선호하는 과일 돈가스 소스

■ 재료

사과 / 245g
양파 / 160g
바나나 / 160g
파인애플 통조림 / 120g
파인애플 통조림 국물 / 15㎖
우스터 소스 / 380㎖
맛술 / 15㎖
시판 돈가스 소스 또는 진간장 / 230㎖
청주 / 15㎖
버터 / 약간

■ 만드는 법

1. 위의 재료 중 버터를 제외하고는 모두 같이 믹서에 넣고 간다.
2. 「1」의 재료를 냄비에 넣고 끓인다. 이 상태에서는 보관이 가능하다.
3. 팬에 버터를 녹이고 사과와 양파 슬라이스한 것을 조금 넣고 볶아서 위의 「2」 소스에 얹어서 완성한다.

4. 돈가스 전문 레스토랑 우스터 소스

■ 재료

등심 / 1kg
양파 / 40g
혼다시 / 약간
생크림 / 20g
빵가루 / 100g
우유 / 500㎖
맛술 / 15㎖
달걀 / 150g
튀김가루 / 100g

■ 소스 재료

우스터 소스 / 45㎖
돈가스 소스 / 60㎖
와인 / 약간
케첩 / 60㎖
서양 겨자 / 2g
후춧가루 / 약간
계절과일(바나나, 사과, 딸기, 파인애플) / 100g

(1) 고기손질

① 1/2 정도 얼은 등심을 두께 1~2cm로 준비하여 칼집을 넣는다.
② 준비된 고기를 연육기에 통과시킨 뒤 소금, 후춧가루로 양념을 하여 30분 정도 재운다.
③ 밀가루와 계란물, 빵가루를 입혀서 냉장고에 20분 정도 보관한다.

(2) 튀기기

170℃의 튀김기름에서 2번 튀겨낸다.

(3) 소스 만들기

① 냄비에 다싯물, 돈가스 소스, 우스터 소스, 케첩, 서양 겨자를 넣고 잘 혼합한 뒤 약한 불에 끓인다.
② 불을 끄고 와인을 소량 넣어 잘 섞는다.

(4) 담기

완성 접시에 돈가스와 소스를 올린 뒤 준비된 계절과일로 장식한다.

데리야끼 소스의 비밀(장어구이)

장어는 우리나라 사람들이 아주 좋아하는 생선 중의 하나이다. 전에 어떤 사람이 운문댐에서 큰 민물장어를 잡았는데, 근처에 있던 사람이 30만 원 줄 테니 팔라고 했다. 그런데 낚시꾼은 한마디로 거절하자 이 사람은 50만 원 줄 테니 팔라고 조르는 것을 보고 놀랐다. 그 당시 장어가 왜 이리 비싼지 몰랐다. 하지만 부여의 낙화암 밑에서 소금구이 한 장어를 먹어본 후로는 돈만 있으면 민물장어를 사먹고 싶을 만큼 그 맛을 잊을 수 없다.

장어구이는 다양한 방법으로 조리하는데, 신라호텔에 근무하던 안효주 씨의 비결이 일리 있어 보인다. 바닷장어는 바다 밑이나 바위 틈새에 구멍을 파고 살아서 '바닷장어' 라고 부르게 되었다고 한다. 옛날부터 초밥은 장어 초밥을 먹어보면 그 집의 수준을 알 수 있다고 한다. 기름기를 싫어하는 우리나라 사람들은 민물장어보다 바닷장어 초밥을 선호한다고 한다. 장어는 죽은 것을 잘 먹지 않기 때문에 횟집에서 장어가 나오면 활어라고 보면 된다. 장어는 배 쪽에 노란색을 띠고 있는 것이 기름이 올라 부드럽고 맛있는 것으로 인정한다.

먼저 장어조림의 경우는 장어 400g, 물 800㎖, 청주 400㎖, 국간장 20㎖, 진간장 60㎖, 설탕 90g, 다마르 간장 10㎖을 준비한 다음에 물과 청주를 끓이다가 장어와 설탕을 넣고 졸인다. 그 후 간장을 넣고 졸인 후(15분 정도) 꺼내 식혀서 사용하는데, 조심할 것은 바닷장어는 국물이 끓고 나서 생선 또는 장어를 넣어야 한다는 것이다. 생선 표면의 단백질은 염분이 있으면 굳어진다. 따라서 생선의 단백질이 끓는 국물 속의 염분과 열에 의해서 급속히 단단한 층을 만들어 생선 맛이 밖으로

백질은 염분이 있으면 굳어진다. 따라서 생선의 단백질이 끓는 국물 속의 염분과 열에 의해서 급속히 단단한 층을 만들어 생선 맛이 밖으로 나오지 못하므로 생선, 장어 맛이 좋아진다. 국물이 차가울 때 생선을 넣고 졸이면 표면이 굳어지기 전에 생선의 수분이나 맛있는 성분이 밖으로 흘러나와 생선 맛이 떨어진다.

장어구이 역시 몇 가지 주의하여 소스를 만들면 장어구이 가치가 높아진다. 먼저 장어는 석쇠에 굽는다. 그러면 숯의 향이 장어에 배어 맛이 더해진다. 그런 다음 이것을 김이 나는 찜통에 20분쯤 찐 다음에 다시 장어 소스를 3~4번 발라가면서 구워야 제맛을 즐길 수 있다. 그러나 우리나라 사람들은 날생선을 즉석에서 소스를 발라가며 구워서 먹는 것을 최고로 여긴다. 그러나 원래는 찐 다음에 먹어야 제맛을 느낄 수 있다. 장어를 구운 후 채 썬 생강을 물에 담가두었다가 곁들이면 좋다. 그리고 장어 위에는 산초가루를 조금 뿌려 향을 첨가하기도 한다. 필자가 추천하는 장어구이 소스는 청주 450㎖, 맛술 900㎖, 진간장 900㎖, 설탕 350g, 생강 100g, 물엿 225㎖, 장어 뼈 구운 것(10마리 분)을 준비하여 냄비에 모두 넣고 졸이는 것이다. 그리고 간장만 5분 뒤에 넣은 후 1시간 정도 끓인 다음, 고운 체에 걸러서 사용하면 좋은 장어구이 소스가 된다.

01 정윤채 쉐프 소스 비법

1. 장어 양념구이 소스(정윤채 쉐프 소스 비법)

■ 재료

엿고추장 / 80g
물엿 / 80g
다진 생강 / 5g
다진 마늘 / 10g
설탕 / 25g
청주 / 30㎖
참기름 / 30㎖
맛술 / 30㎖
깨소금 / 약간

■ 만드는 법

1. 위의 재료를 모두 넣고 잘 섞는다.
2. 농도에 따라 고춧가루를 넣어 잘 젓는다.
   이때 굵은 고춧가루와 고운 고춧가루의 비율을 2 : 1로 맞춘다.
3. 하루 정도 숙성과정을 거쳐서 사용한다.

소스 달인의 비밀노트

· 청어 양념구이에는 위의 재료에 간장을 더 첨가한다.

2. 약선 장어 튀김 소스

■ 재료

장어 / 1.5kg	소주 / 약간
녹말 / 약간	마늘 / 20g
홍고추 / 15g	대파 / 35g

❖ 약선 장어 소스 육수 1) 다듬고 남은 뼈와 머리를 석쇠에 굽는다.
2) 양파 1개, 무 1/4개, 파 2뿌리, 건고추 5개, 청양고추 5개, 다시마 30cm 1장, 천궁 5g, 감초 2g, 백봉령 5g, 당귀 5g, 황기 5g, 대추 5개를 넣고 한나절 푹 끓인다.

❖ 조림장 1) 위의 육수 1컵에 고추장 1컵과 고운 고춧가루 1컵을 넣고 섞는다.
2) 1)에 간장 1/2컵, 청주 1/2컵, 양파즙 1/2컵, 마늘즙 1/2컵, 생강즙 5Ts, 설탕 8Ts, 배즙 1컵을 섞어 끓인다.
3) 2)가 끓으면 물엿 2컵과 후춧가루를 조금 넣고 불을 끈다.

■ 만드는 법

1. 장어를 잘 손질하여 배를 갈라 앞 · 뒷면으로 나누고 2~3cm 길이로 자른다.
2. 「*1*」을 소주에 재운다.
3. 재워 둔 장어에 밑간을 살짝하여 튀김가루와 전분을 동량으로 섞은 가루를 입혀 튀겨낸다.
4. 통마늘도 같은 방법으로 옷을 입히고 튀겨낸다.
5. 홍고추는 2~3cm 정도로 어슷썰기를 하고 생강은 편으로 썬다. 대파도 반을 갈라 2~3cm 길이로 잘라 둔다.
6. 팬에 식용유를 넉넉하게 두르고 미리 준비해 둔 생강, 홍고추, 대파를 넣어 볶는다.
7. 큰 그릇에 튀긴 장어와 마늘, 볶은 채소를 같이 넣고 위의 조림장을 넣어 버무려 위에 은행을 볶아 얹어 그릇에 담아낸다.

3. 전문식당 장어 데리야끼 소스

■ 재료

장어 뼈와 머리/ 5kg	물엿 / 1ℓ
고추장 / 1kg	건홍고추 / 90g

대파 / 150g
갱엿 / 1kg
통후추 / 10g
고운 고춧가루 / 50g
소금, 후춧가루 / 약간
마늘 / 200g
간장 / 300㎖
생강 / 4g
갠 겨자 / 100g
물 / 20ℓ

■ 만드는 법

1. 뼈와 머리는 물에 2시간 담가서 핏물을 빼고 20kg 물에 끓인다.
2. 한소끔 끓고 나면 채소를 넣고 중불에서 물의 양이 반이 되도록 끓인다.
3. 반으로 줄면 건더기는 건져 내고 거기에 물엿, 대파 등 양념을 넣고 소스를 만든다.
4. 소스를 줄인 다음 사용한다.

4. 정통 장어 데리야끼 소스

■ 재료

장어뼈 / 100g
다싯물 / 100㎖
물엿 / 30㎖
다시마 / 1장(6×6cm)
양파 / 80g
마늘 / 5g
청주 / 180㎖
진간장 / 180㎖
설탕 / 80g
대파 / 35g
생강 / 40g

■ 만드는 법

1. 위에 재료를 넣고 30분 끓여서 걸러 사용한다.
2. 대파, 양파는 소스가 끓기 시작한 다음에 넣는 것이 좋다.
3. 장어뼈는 구워서 사용해야 냄새가 안나고 구수한 맛이 난다.

5. 닭고기 데리야끼 소스

■ 재료

구운 닭뼈 / 300g

다싯물 / 200㎖

양파 / 160g

설탕 / 80㎖

마늘 / 4g

청주 / 200㎖

대파 / 35g

진간장 / 180㎖

물엿 / 30㎖

생강 저민 것 / 20g

- 육수-주 재료에서 나온 부산물로 육수를 만든다.

■ 만드는 법

1. 닭을 손질하고 난 다음 남은 뼈와 대파, 양파를 오븐에 구워 놓는다.
2. 「*1*」에 청주 1컵과 다싯물 1컵을 자작하게 부어 우려낸다.
3. 「2」를 끓여 맛을 우려낸 다음 진간장 180㎖, 설탕 80㎖, 물엿 30㎖를 넣고 다시 끓인다.
4. 「*3*」이 반 정도로 줄면 불을 낮추고 마늘 1쪽과 생강 저민 것 5쪽을 넣고 다시 끓인다.
5. 「*4*」가 1/3 정도로 줄면 소스가 완성된다.
6. 닭 살코기를 석쇠에 구워 익힌다.
7. 익힌 살코기를 석쇠에 호일을 깔고 그 위에 얹어 고기에 「5」의 소스를 발라가면서 다시 굽는다.

5. 쇠고기 데리야끼 소스

■ 재료

청주 / 250㎖
간장 / 250㎖
설탕 / 250㎖
생강 / 15g
구운 대파 / 35g

■ 만드는 법

1. 간장, 청주, 설탕, 구운 대파, 생강을 넣어서 끓인다.
2. 「*1*」이 1/2 정도로 줄 때까지 졸인다.
3. 흰살 생선을 큰 토막 자체에 칼집을 넣고 마늘 다진 것과 청주, 유자채를 넣어 버무려 놓는다.
4. 계란 1개를 넣고 전분가루를 묻혀 바로 튀겨낸다.
5. 「*4*」에 「2」의 소스를 발라가며 다시 굽는다.

소스 달인의 비밀노트

· 소데리는 졸이는 것이 가장 중요하다.
· 청이 날 때까지 졸일 경우 잔거품이 전체적으로 퍼지고 나서 조금 더 있으면 완성점이 된다.
· 이 소스는 연어구이나 쇠고기구이, 데리야끼에 쓰면 좋다.

Secret of Sauce

튀김요리 소스의 비밀

튀김요리는 한식 · 중식 · 일식 · 프랑스식 · 영국식 등으로 구분하는데, 각각의 특징이 있다. 한식의 경우 튀김요리보다는 전유어 요리가 발달하였다. 요즘 다이어트에 도움이 되는 요리로 이용되는 것을 보면 우리 조상들은 지혜로움을 엿볼 수 있다. 하지만 외국인들이 보면 특이했을 것으로 생각된다. 기름을 짤 때 외국은 자연 그대로 짜지만, 우리는 모든 재료를 볶아서 짜기 때문에 고소한 맛이 많고 튀김에 쓰기는 어려웠을 것이다. 여기에 곁들여지는 양념은 간장이 대부분이다. 중식의 경우는 튀김요리가 많다. 탕수육, 깐풍기 등이 있는데, 특징은 재료에 소금, 간장, 술 등으로 밑간을 한 다음 물전분에 계란을 섞어서 재료를 160～170℃에서 1차 튀긴 후, 2차 튀김(170～180℃)을 해서 소스에 버무려 마무리한다. 이때 튀김기름은 재료의 4배 또는 냄비의 3/4이 이상적이다. 이렇게 튀겨야 겉은 바삭거리고 잘 부서지며, 속은 신선한 향과 부드러운 맛이 나는 제대로 된 튀김요리가 될 수 있다.

원래 일본에서는 재료가 풍부하지 못할 때 시장에서 남은 생선을 가져다가 밀가루 반죽에 싸서 튀긴 것이 유래라고 한다. 튀김의 용기는 두꺼울수록 좋다. 이유는 기름온도가 변하지 않기 때문이다. 얇은 냄비는 온도가 떨어졌다 올라갔다 하여 좋은 튀김요리에 적합하지 않다. 곁들이는 소스는 진간장 200㎖, 가쓰오부시 국물 750㎖, 맛술 200㎖, 가쓰오부시 10g, 무 간 것 조금을 준비한 냄비에 맛술을 넣고 끓인 후, 나머지 재료를 모두 넣어 끓여 걸러서 사용하며, 튀김을 쉬을 때 무 간 것을 첨가한다. 일식의 경우는 튀김에 신경을 많이 쓰는데, 기름은 하루에 한번씩 바꾸고, 튀김옷은 밀가루를 물과 얼음을 넣은 찬 반죽에 넣었다가 튀기는 것이 특징이다. 그리고 밀가루는 양식과 달리 박력분을 쓰고, 튀김온도는 생선은 180℃, 채소는 160℃가 적당하다. 그래야 바삭바삭하다. 내가 아는 일식 조리사는 튀김에도 비밀이 있다고 한다. 소스의 비밀도 중요하지만 더 중요한 것은 튀김옷을 입히는 박력분 밀가루에 있다고 한다. 박력분을 실온에 두지 않고 냉동실에 보관했다가 이용하면 튀김이 하루가 지나도 눅눅해지지 않는다고 한다. 그리고 소스로는 레몬즙을 짜서 튀김을 곁들여 먹어야 튀김의 느끼한 맛을 느끼지 않고, 맛있게 튀김을 먹을 수 있다고 자랑한다. 그러나 대부분의 일식 조리사들은 소스는 무즙을 섞은 진간장에 육수 섞은 것을 사용한다.

프랑스 튀김은 튀김옷 만들 때 계란 흰자를 거품을 내어 밀가루와 노른자를 섞어 튀긴다. 그리고 물 대신 맥주를 넣어서 반죽하기도 하는데 맛은 부드럽고 반죽 표면이 매끄러워 먹기가 편하다. 여기에 곁들이는 소스는 레몬이나 갈색 버터 소스를 주로 많이 사용한다.

끝으로 영국식은 우리가 주로 튀김할 때 사용하는 방법인데, 소금, 후춧가루로 간한 재료를 밀가루를 묻히고, 계란을 묻힌 다음 마지막으로 빵가루를 묻혀 180℃에서 튀기는 것을 말한다. 영국식 튀김에는 레몬이나 갈색 사과 소스 등이 곁들여지는데, 주로 돈가스(Pork Cutlet)가 이런 방법이다

01 일식 인기 소스 제조 비법 9가지

1. 호텔식 폰즈 소스

■ 재료

다싯물 / 30㎖	식초 / 30㎖
간장 / 30㎖	맛술 / 10㎖
고운 고춧가루 / 약간	레몬 / 1/4개
무 / 60g을 갈아서 물기를 살짝 짠 것	실파 / 15g
유자즙 또는 레몬 1/4개분의 즙	

❖ 다싯물 1) 찬물 1ℓ에 다시마(5×5cm) 1장을 넣어 물이 끓기 시작하면 다시마를 건져 내고 불을 끈다.
2) 가쓰오부시 2g을 넣어 가라앉기를 기다렸다가 가라앉으면 체에 밭쳐 맑은 다싯물을 받는다.

■ 만드는 법

1. 다싯물에 식초, 간장(다싯물 : 식초 : 간장 = 1 : 1 : 1의 비율), 맛술 10㎖, 유자즙 또는 레몬 1/4개의 즙을 넣어 잘 섞는다.
2. 무 60g을 강판에 원을 돌리면서 갈아서 물기를 살짝 짠 다음 고운 고춧가루 1ts을 넣어 버무린다.
3. 실파의 푸른 부분만을 곱게 썰어서 무즙을 버무려 뭉쳐 놓은 곳에 보기 좋게 담는다.
4. 레몬을 1/4개를 다듬어 안정감 있게 썰어서 「3」과 같이 담는다.

소스 달인의 비밀노트

· 폰즈 소스는 찬 소스이며 대부분의 일식 요리에 기본 소스이다. 샤브 같은 국물 많은 요리에 있는 건더기를 찍어 먹는 소스로 많이 이용된다. 그리고 해삼초회나 데친 채소의 소스로도 좋다.

· 다시마는 두껍고 폭이 넓으며 흰가루가 많은 것이 좋은 것이다. 끓일 때는 세로 방향으로 칼집을 넣어서 우려낸다.

· **재료를 우려내는 경우**

찬물에서부터 우려내는 경우–국물이 목적일 때(맛을 우려내는 경우)

뜨거운 물에서부터 우려내는 경우–간을 하여 건더기를 먹는 것이 목적일 때

· **국**은 물 : 건더기=3 : 1의 비율, 간은 1%, 온도는 60~70℃이다.

찌개는 물 : 건더기=2 : 1의 비율, 간은 2.5~3%, 온도는 95℃이다.

· 소스에 쓰이는 다싯물은 다시마를 2~3배 더 넣는다.

맑은 탕에 쓰이는 다싯물은 다시마를 적게 넣는다.

· 소스를 만들 때는 맑은 재료부터 넣는다.

· 탄수화물을 먹을 때는 무와 같이 먹으면 소화촉진 작용을 한다.

· 굵은 고춧가루를 물에 불려서 체에 거르면 고운 분홍색의 물을 이용할 수 있다.

· **데치기** : 60~80℃에서 익히고 물은 버린다 – 효소의 불활성화가 목적(전처리 단계)

삶기 : 물 속에서 익혀서 물은 버리는 경우

끓이기 : 물도 같이 이용할 경우(간을 한다)

우려내기 : 맛, 향기 성분을 물에 빼내는 것

졸이기 : 넉넉한 물을 대부분 흡수시키는 경우

2. 소바 다시

■ 재료

무 간 것 / 60g

고추냉이 / 2g

설탕 / 10g

김 / 2g

실파 푸른 부분 / 약간

다싯물 / 150㎖

진간장 / 40㎖

■ 만드는 법

1. 무 간 것 60g을 모양을 내어 담는다.
2. 실파 푸른 부분을 곱게 채 썰어 「1」과 같이 보기 좋게 담는다.
3. 고추냉이 2g을 「2」와 같이 담는다.
4. 다싯물 150㎖와 설탕 10g과 진간장 40㎖를 섞어 놓는다.
5. 김을 구워서 채 썰어 「4」에 띄워낸다.

소스 달인의 비밀노트

· 메밀은 혈관벽을 튼튼하게 하는 루틴(Rutin)이 많이 들어 있다.
· 고추냉이는 뿌리를 이용하고 찬 음식에 쓰이며 찬물에 갠다.
겨자는 씨앗을 이용하며 더운 음식에 쓰이고 뜨거운 물에 갠다.

3. 일식 간장 드레싱

■ 재료

사과 / 120g	양파 / 80g
맛술 / 20㎖	청주 / 1Ts
식초 / 25㎖	설탕 / 1.5g
올리브유 / 10㎖	레몬즙 / 1/3개 분량
간장 / 30㎖	참기름 / 5㎖
생강즙 / 약간	후춧가루 / 약간

■ 만드는 법

1. 사과 1/2개를 껍질을 제거하고 믹서로 갈기 쉽게 썰어 둔다.
2. 믹서에 「1」의 사과와 양파 1/2개, 맛술, 청주, 식초를 넣고 곱게 갈아

놓는다.

3. 「2」에 설탕, 올리브유, 레몬즙을 넣고 잘 젓는다.
4. 「3」에 색깔이 짙은 간장과 참기름을 넣음으로써 빠뜨리지 않고 소스 재료를 모두 넣는다.
5. 「4」에 생강즙 약간과 후춧가루를 조금 넣어 마무리한다.

소스 달인의 비밀노트

· 소스를 만들 때 색깔이 짙은 것부터 넣으면 옅은색 재료를 빠뜨리기 쉽다.

· 후춧가루는 암모니아 냄새를 제거하는 데 있어서 가장 효과적인 향신료이다.

4. 정통 튀김 소스

■ 재료

새우 / 240g

다싯물 / 750mℓ

찬물 / 200mℓ

설탕 / 50mℓ(백설탕 1Ts+황설탕 2Ts)

가지, 무즙, 파채, 레몬 / 약간

진간장 / 400mℓ

계란 노른자 / 20g

얼음 / 5g

튀김가루(박력분) / 100g

■ 만드는 법

1. 새우는 손질하여 배 쪽에 칼집을 넣는다. 꼬리부분은 끝을 살짝 자른다.
2. 손질한 새우는 손으로 조금씩 펴 준다.
3. 진간장과 다싯물, 설탕을 넣고 설탕이 녹을 정도로만 끓인다.
4. 가지는 썰어서 속살은 오려내고 칼집을 넣어 부채모양으로 만든다.
5. 무즙과 파채, 레몬은 소스와 같이 따로 담아둔다.
6. 밀가루는 먼저 체에 쳐서 계란 노른자 1개와 밀가루, 찬물, 얼음을 넣어 반죽한다.
7. 마른 밀가루를 튀김재료에 먼저 묻히고 반죽에 담갔다가 달구어진 튀김기름에 넣는다.

8. 가지는 색깔이 있는 쪽은 마른 가루를 묻히지 않고 반죽에만 살짝 담갔다가 튀긴다.
9. 재료들을 튀기면서 물반죽을 조금 더 묽게 해서 튀김솥에 뿌린다. 그러면 재료들에 반죽이 눈꽃같이 붙어서 모양이 예쁘다.
10. 튀김의 거품이 좀 잦아들고 재료가 약간 딱딱해진 듯하면 재료를 건져내어 키친타월에 얹어 기름을 빼고 그릇에 담아 완성한다.

소스 달인의 비밀노트

· 새우튀김의 경우 머리를 붙여서 할 때는 등 쪽으로 이쑤시개를 꽂아서 튀기고 튀긴 후에는 이쑤시개를 빼 준다.
· 새우의 배 쪽으로 칼집을 넣어 주면 허리가 구부러지지 않는다. 꼬리 부분을 살짝 잘라 줘야 튀길 때 기름이 튀지 않는다.
· 가지는 맥반석 물에 넣으면 색이 선명하게 되고 갈변을 방지할 수 있다.
· 고구마는 쌀뜨물에 담그고 우엉은 식초물에 담그면 갈변을 방지할 수 있다.
· 반죽에 계란 흰자를 넣으면 거품이 생겨 질이 떨어진다.
· 튀김기름에 재료를 넣을 때는 자기 앞에서 넣어 반대쪽으로 밀어 주며 넣는다.
· 고구마를 튀길 때는 두께가 1cm를 넘으면 안 된다. 속이 잘 익지 않기 때문이다.

5. 생선구이 소스

■ 재료

마요네즈 / 300㎖
계란 노른자 / 40g
레몬즙 / 약간
굵은 대파 / 35g
계란 흰자 / 50g
다진 마늘 / 100㎖
익힌 감자나 고구마 / 3~4개
설탕 / 15㎖
소금 / 약간
청주 / 65㎖
감자전분, 튀김기름, 치즈 / 약간
청주 / 65㎖
피망, 홍초, 시소잎, 생와사비, 흰살 생선 / 약간

■ 만드는 법

1. 고구마 3~4개를 세로로 반을 잘라 찜솥에서 쪄낸다.
2. 쪄진 고구마는 껍질을 벗기고 으깨어 완전히 식힌다.
3. 「2」에 마요네즈 300㎖를 넣고 잘 버무린다. 이때 마요네즈를 넉넉하게 넣어야 재료 위에 얹기가 쉽다.
4. 「3」에 계란 노른자 2개와 설탕 2큰술, 소금 1/2큰술을 넣어 섞는다.
5. 「4」를 한번 쓸 만큼의 양을 덜어내어 피망과 홍초를 잘게 썰어 살짝 볶은 것을 넣어 섞는다.
6. 기호에 따라 시소잎을 잘게 채 썰고 생와사비를 넣어 버무린 다음 다진 마늘 1Ts을 첨가하면 우리 입맛에는 더 맞는다.
7. 도미살(흰살 생선)을 손가락 굵기에 3cm 길이로 썰어둔다.
8. 「7」에 굵은 대파 1뿌리를 굵게 채 썰고 다진 마늘 1/2컵과 청주 1/3컵을 넣어 버무린다(2~3시간 숙성시킨다).
9. 「8」을 숙성시킨 후 계란 흰자 2개를 넣어 다시 버무린다. 이때 흰자를 너무 많이 넣으면 맛이 떨어진다.
10. 「9」에 감자전분 가루를 넣어, 치대지 말고 살살 섞는다.
11. 가루에 수분이 완전히 들어갔을 때 미리 달구어진 튀김기름에 튀겨낸다.
12. 튀긴 것은 기름을 빼고 접시에 담는다.
13. 「12」에 위에 만들어 놓은 「6」을 두껍게 바르고 기호에 따라 치즈를 찢어 얹어 예열된(250~300℃) 오븐에 넣어 겉이 갈색이 나도록 구워 완성한다.

소스 달인의 비밀노트

- 소스를 만들 때는 그릇이나 기구에 물기를 제거하고 사용해야 한다. 물기가 있으면 오염되기가 쉽다.
- 모도 소스는 냉장고에서 1달간 보관이 가능할 만큼 보존성이 높다.

6. 정통 폰즈 소스

■ 재료

생수 / 660㎖
빙초산 / 16㎖
가쓰오부시/ 12g
레몬 / 1/2개
물전분 / 약간
진간장 / 260㎖
조미료 또는 청주 / 5㎖
다시마 / 100g
설탕 / 10g

■ 만드는 법

1. 생수 660㎖에 진간장과 청주, 설탕, 빙초산, 레몬즙, 유자껍질을 조금 채 썬 것을 같이 넣고 섞는다.
2. 「1」을 1주일간 상온에서 숙성시킨다.
3. 숙성이 끝나면 체에 걸러, 그 상태가 바로 폰즈 소스가 된다.
4. 체에 거른 폰즈 소스를 살짝 끓이면서 물전분을 조금 넣어 농도를 맞추면 그것이 바로 폰즈앙 소스가 된다.

소스 달인의 비밀노트

· 폰즈 소스는 주로 복어 소스로 이용이 되며 갈비찜 고기를 찍어 먹으면 찍지 않을 때보다 훨씬 고기를 많이 먹게 된다.
· 다시마는 찬물에 넣어 1주일이 있으면 자연스런 풍미가 나게 된다.
· 많은 양의 청주를 쓸 때는 센불에서 데우면서 불이 붙으면 그대로 알코올을 태워 날린 다음 쓰면 아주 좋은 식재료가 된다.

7. 채소 소스

■ 재료

사과식초 / 15ml	진간장 / 30ml
레몬즙 / 50ml	청주 / 100ml
무즙 / 100ml	실고추 / 5g

■ 만드는 법

1. 사과식초, 진간장, 레몬즙, 청주, 무즙, 실고추 썬 것을 넣고 잘 젓는다.
2. 생선(삼치)을 색깔나게 구운 다음 전분가루를 묻혀 기름에 튀겨낸다.
3. 「2」를 「1」의 소스에 1주일 이상 재워 두었다가 먹는다.

소스 달인의 비밀노트

· 이 요리는 식사 중반 이후나 술안주에 적당하다.
· 채소 튀김일 경우는 소스를 뿌려서 바로 먹는다.

8. 키위 소스

■ 재료

폰즈 소스 / 60㎖
매실 진액 / 20㎖
미향 / 20㎖
참기름 / 약간

■ 만드는 법

1. 폰즈 소스에 미향과 매실 진액, 키위를 갈아서 넣어 잘 젓는다.
2. 잘 섞어서 폰즈 소스를 가미하면서 간을 맞춘다.

소스 달인의 비밀노트

· 이 소스는 채소나 새싹 또는 해초비빔밥에 이용하면 아주 좋다.
· 미향은 산미가 가미되어 있어서 육류요리에 좋다(맛술은 산미가 없다).

9. 육스 소스

■ 재료

육수(갈비탕 국물이나 다시마, 가쓰오부시와 멸치를 우린 국물) / 400㎖

굴 소스 / 60㎖

청주 / 30㎖

시소잎 / 30g

계란 흰자 / 50g

참기름 / 약간

게살 / 약간

역돔 / 약간

올리브유 / 30㎖

흰살 생선 / 70g

물전분 / 약간

유자 / 약간

물전분 / 약간

양파나 대파 다진 것 / 약간

단호박 찐 것 / 2쪽을 으깬 것 120g

■ 만드는 법

1. 육수 400㎖, 단호박 찐 것을 으깬 것, 굴 소스, 청주, 올리브유, 시소잎을 찢어서 넣고 유자는 씨만 제거하고 모두 넣는다.
2. 「*1*」에 게살을 물에 담갔다가 물만 짜서 손으로 비벼 잘게 부수어 넣고 얇게 썬 흰살 생선을 넣고 끓인다.
3. 「2」가 끓고 나면 유자 건더기를 먼저 건져 내고 물전분을 푼다.
4. 다시 살짝 끓으면 풀어놓은 계란을 넣고 바로 불을 끈다.
5. 역돔을 회를 치듯하여 마늘과 대파를 잘게 다진 것을 넣고 재워 두었다가 전분을 뿌려 물기가 배면 튀겨낸다.
6. 튀겨낸 생선을 접시에 담고 「*4*」의 소스를 얹는다.
7. 양파 또는 대파 다진 것을 같이 얹어도 좋다.

소스 달인의 비밀노트

- 이 소스는 요리의 마지막 단계에서 나오는 요리에 쓰인다.
- 튀김을 할 때 기름 표면에서 1cm 정도 밑에서 퍼지면 알맞은 튀김온도이다.

Secret of Sauce

소스를 잘 만들기 위한 10계명

1. 조리 원리를 알아야 한다.
2. 소스의 맛, 색이 중요함을 알고 만들어야 한다.
3. 소스를 만들 때는 소스 냄비 곁을 떠나지 말아야 한다.
4. 자신의 소스 염도, 당도의 기준점을 기억해야 한다.
5. 주재료에 맞는 향신료 사용을 잘해야 한다(토마토소스 만드는 요령, 육수 만드는 요령).
6. 정성을 들여야 한다(부모님께 드리는 마음으로 소스를 만들어야 한다).
7. 식재료 선택을 잘해야 한다(신선한 채소, 육수 등).
8. 요리를 사랑해야 한다(좋아해야 관심이 있어지고 맛있는 것을 만들게 되어 있다).
9. 기초 요리법을 잘 응용해야 한다.
10. 고객에 맞는 소스 개발이 필요하다. 남의 소스를 모방하기보다는 기초 소스를 완전히 익혀야 하며, 모두가 소스 개발 전문가가 되어 자기만의 소스를 개발할 필요가 있다.

소스를 개발하는 사람들은 이러한 개념들을 잘 숙지하여
향후 최고의 소스가 많이 탄생하길 바라는 마음이다.

7 유명 소스 탄생의 비밀

미식가는 요리에 대한 명확한 판단을 위해 많은 공부를 해야 하고, 요리에 대한 평론을 하면서 음식을 즐겨야 한다. 이러한 공동의 관심사가 발전적으로 전개될 때 요리는 더욱 발전할 수 있을 것이다. 요리의 평가를 단순히 맛만 가지고 평가하면 요리의 발전이 안 된다. 요리의 향, 감촉, 간, 시각적, 미각적, 재료상식, 조리법, 영양가 등에 대한 기초지식을 가지고 예술적인 경지에서 평가해야 한다.

유명 소스 탄생의 비밀

1. 마요네즈 소스 탄생의 비밀

마요네즈는 만들어진 유래가 많은데, 처음에 발명되었을 때는 'Mahonnaise' 라고 불리었다.

두 번째 유래는, 프랑스 요리사 마리 앙투안 카렘(Marie Antoine Careme, 1784∼1833)이 마요네즈란 'Magnnaise' 에서 유래되었다고 선언한 것이다. 'Magner' 는 '손으로 만들다' 또는 '뒤섞다' 의 의미이다.

세 번째 유래는, 마요네즈가 옛날 프랑스 리슐리외(Richelieu, 1766∼1822) 후작의 요리장(성명미상)이 마혼(Mahon)섬 점령 축하연 때 식탁에 달걀, 식초, 기름을 섞어서 만든 소스를 제공하였기 때문에 마혼네이즈(Mahonnais)라고 불렀으나 세월이 지남에 따라 발음하기 쉽게 마요네즈로 바뀌었다는 것이다.

마요네즈는 달걀노른자에 기름, 식초를 첨가하여 유상액 자체를 형성시킨 반고체의 소스이다. 유럽에서는 드레싱(Dressing)이란 말을 쓰지 않고 모두 소스(Sauce)로 부르며 우리는 마요네즈를 만들 때 샐러드 기름으로 만들지만 올리브 기름으로 마요네즈를 만들기도 한다.

요즘은 시중에 다양한 마요네즈 계통의 소스가 있다. 그러나 내가 요리를 처음 배울 때는 마요네즈 소스 만드는 방법을 배우려면 술을 한 잔 사거나 선물을 해야 하던 시절도 있었다. 마요네즈 소스는 간단하면서도 많은 비법이 있다.

마요네즈는 계란을 실온에 보관했다가 사용해야 된다. 그리고 노른자를 혼합할 때 거품기 젓는 속도는 기름첨가 속도와 같아야 하고, 기름온도 역시 중요하다. 계절에 따라 기름온도와 용기온도가 차이나기 때문에 분리될 염려가 많다. 겨울에는 실내온도에서, 여름에는 용기 밑에 얼음을 놓고 만들기도 한다. 어떤 이유에서든지 분리되면 이론적으로는 찬 마요네즈는 더운물로 재생시키고, 더운 마요네즈(홀렌다이즈 소스)는 찬물로 재생시키는 것으로 알려져 있다. 마요네즈는 냉동시키면 안 되고 어두운 곳에 보관하는 것이 바람직하다. 기름은 이탈리아 등에서는 올리브 기름을 쓰지만, 그 밖에 옥수수, 목화씨 등 다양한 기름을 넣는 것을 볼 수 있다. 마요네즈는 두 알 이상의 노른자를 사용하고 처음에 크림 겨자를 넣고 거품기로 많이 저은 후에(진한 크림상태) 기름, 소금, 식초 등을 넣는 것이 요령이다.

우리나라에는 마요네즈가 정확히 언제 들어왔는지는 잘 모르지만 1960년대부터 접했을 것으로 생각된다. 조선요리제법(1913년 출판)을 보아도 마요네즈는 보이지 않는다. 대규모 공장제품으로는 1973년에 서울식품에서 마요네즈를 생산했다는 기록이 있다. 하지만 호텔에서는 이미 마요네즈를 사용하고 있었던 것으로 선배들은 기억하고 있다. 나 또한 호텔 근무 당시에 마요네즈는 직접 만들어 놓고 사용했다.

마요네즈를 만들 때 보통 노른자 300개, 샐러드 기름 18ℓ짜리 5개, 소금 200g, 겨자 300g, 식초 1.8ℓ짜리 3개, 후추 20g 정도를 넣고 만든 경험이 있다. 그러나 이렇게 많이 만들면 보관에 문제가 있고, 시에서 위생검열이 나오면 대장균검사에 지적을 받는 경우가 많아서 그 후에는 공장에서 제조되는 마요네즈를 구입하여 사용하기도 했다. 유지소스의 기본인 마요네즈는 샐러드에서는 없어서는 안 되는 소스이다. 요즘 다양한 요리에 마요네즈가 쓰이는 것을 보면 소스도 시대에 따라 옷을 갈아입는 것 같다. 마요네즈를 응용한 소스로는 사우전드 아일랜드 드레싱이 있다. 이 드레싱은 마요네즈에 케첩, 피클, 양파 등이 들어가는데, 원래 미국에서 나온 말이다. 캐나다에서 미국으로 비행기를 타고 오다 보면 나이아가라 폭포 근처에 많은 섬이 있다. 이 드레싱을 푸른 샐러드에 곁들이면 피클, 양파 다진 것들이 천 개의 섬과 같아 보인다고 해서 명명된 이름이라고 한다. 뉴욕의 작은 관광도시 클레이톤(Clayton)에 있는 낚시꾼이자 관광 가이드를 겸하면서 일을 하던 사람이 식당을 경영했는데, 그러던 중 메이 이루윈(May Irwin)이라는 조리사이자 책 쓰는 사람이 사우전드 아일랜드라는 드레싱을 먹어 보고 맛이 있어 소개한 후에 이 드레싱이 널리 알려지게 되었다고 한다.

2. 시저 드레싱(Caesar Dressing) 탄생의 비밀

시저 드레싱은 시저 샐러드와 함께 만들어졌을 것으로 생각된다. 유래는 두 가지가 있는데, 하나는 클레오파트라가 만들었다는 전설이다. 클레오파트라는 이집트의 마지막 파라오(왕)로, 기원전 69년에 태어나 17살에 첫 결혼 후, 로마의 장군 줄리어스 시저와 다시 결혼하여 아들을 낳았다. 그녀는 얼굴도 미인이지만 물리, 천문지식, 문화, 건축, 화장술 등이 뛰어났다고 한다. 그러나 시저가 로마로 돌아간 다음 죽임을 당하게 되면서 알렉산드리아는 멸망의 길로 들어서게 된다. 시저 이후 로마의 왕이 된 안토니우스(시저 부관)와 옥타비아누스(시저 증손자)가 로마를 차지하게 되었는데, 안토니우스는 클레오파트라를 만나 결혼하면서 점령지를 모두 로마령으로 만들었다. 그러나 이집트만은 그대로 독립국으로 두었다. 그 이유가 무엇일까? 그것은 미인이 만들어 준 샐러드와 곁들여 먹었던 식초 드레싱 때문이었다고 한다. 후추와 향료들은 최음 효과가 있지만 찬 샐러드는 감퇴시키는 효과가 있다. 상추를 먹으면 졸린 것이 이런 이유 때문이다. 고대 이집트의 왕 클레오파트라는 안토니우스가 자기의 전 재산을 건 호화로운 식사를 한 번 할 수 있겠냐고 제안하자 즉시 식초에 진주를 녹여서 시저 드레싱을 만들어 제공했다고 한다. 지금이나 옛날이나 진주는 최고급이므로 음식 또한 최고급이었을 것으로 생각된다. 요즘도 시저 드레싱은 14가지 향신료를 달걀노른자에 섞어 만든 다음 양상추와 함께 먹는 최고급 샐러드이다. 이 소스를 만들면서 로마시대를 생각해 본다.

다른 하나는 식당을 경영하는 시저 카르디니(Caesar Cardini)가 1924년 미국 독립 기념일에 발명했다는 설이다. 전해지는 말에 의하면 바쁜 주말이었는데 카르디니는 고객에게 샐러드를 제공해야 되는데 재료가 떨어져 주방에 남아 있는 로메인 상추, 마늘, 파마산 치즈, 삶은 계란, 올리브 기름, 빵(Croutons), 그리고 우스터소스로 그냥 샐러드를 만들었다고 한다.

그 후 1926년, 이탈리아 공군의 특등 조종사였던 그의 형제 알렉스 카르디니(Alex Cardini)가 시저 드레싱에 앤초비와 다른 재료를 넣어 만들면서 최초로 시저 샐러드(Ceasar Salad)라고 명명하였다. 이 드레싱은 이탈리아산 올리브 기름과 파마산 치즈를 꼭 사용해야 하지만 일부에서는 앤초비를 사용하지 않기도 한다. 이유는 우스터소스에 생선 냄새가 나기 때문이라고 한다. '바람과 함께 사라지다'의 클라크 케이블이 이 샐러드를 아주 선호했다고 한다. 이외에도 1930년에는 시저 샐러드가 파리에 있는 국제 식도락가 협회의 Master Chef들에 의해 50년 동안 미국에서 유래된 조리법 중 최고의 것으로 선정되었다고 한다. 이 샐러드는 고객의 의도에 의해 포크와 나이프로 잘라서 먹게 되어 있다. 끝으로 1948년에는 이 드레싱이 상품으로 만들어지기도 했다.

3. 노부 소스의 비밀

내가 좋아하는 일식 조리사는 신라호텔에서 같이 근무한 안효주 씨와 만나지는 못했지만 명성과 책으로 접한 노부 마츠하사 씨(퓨전 일식 조리사)이다. 그는 일식요리를 세계의 요리로 창조한 사람이다. 그는 한 인터뷰에서 이렇게 말한 적이 있다. "외국인들이 초밥을 먹을 때, 쌀 한 톨의 맛은 물론이고 김의 바삭함, 생선의 다양한 맛과 자르는 기술에 따른 맛의 차이가 초밥과 이루는 맛의 조화까지 생각하게 됩니다."

얼마 전 책을 낸 것을 보고 소스의 비결이 있는지 찾아보았다. 찾아본 결과 소스의 비결에 비밀이 있는 것이 아니고, 최고의 재료를 사용하면서, 고객의 입장에서 요리를 하는 것이 비밀인 것 같았다. 그의 요리 철학을 보면 요리는 삶 그 자체이며 이 요리에 자신의 마음을 담아내는 것을 큰 기쁨으로 여기며 살아가는 것 같았다. 그는 근본적으로 일식, 특히 초밥에 있어서 북아메리카와 남아메리카의 영향을 바탕으로 최상의 일본요리를 노부 스타일로 새롭게 창작해 낸 것이었다. 그는 기술이나 생선 고르는 법도 중요하지만 더 중요한 것은 과거의 요리 재현이 아니고, 새로운 아이디어를 실험해 나가는 것이라고 주장한다. 나는 음식이 문화이고 패션이라고 믿는 노부의 생각에 공감한다. 그리고 진정한 양 목표란 자신의 경험에 의하여 직접 만드는 것이다. 그래야만 자신만의 고유한 요리를 재창조할 것이란 점을 강조하는 것을 보고 많은 생각을 하게 되었다.

지금부터 소스의 비밀을 찾아보자. 식재료는 제철에 나는 것을 구입하기 위해서는 생선 판매하는 사람을 잘 알아두는 것이 중요하다. 그리고 일식은 다시(국물)가 중요하며, 다시마를 다룰 때는 향이 날아가므로 씻지 말고 끓는 물에 오래 담그지 않는다. 간장은 소금 섭취량을 조절해야 한다는 생각 때문에 간장을 주재료로 와사비 간장을 만들어 쓴다. 청주는 적게 넣는 것을 기본으로 하고 절대로 소금을 많이 넣어 소금 맛이 요리를 지배해서는 안 된다.

우리나라 음식은 소금으로 맛을 내기 때문에 맛은 있지만 소금 섭취량이 많아지는 것이 문제이다. 특히 뜨거울 때는 소금의 맛을 덜 느끼면서도 맛은 있다. 하지만 노부 씨는 소금의 맛을 줄이고 재료의 순수한 맛에 지나치게 의존하는 것 같다. 기름은 올리브 기름과 참기름을 10 : 1 정도 섞어서 쓴다. 드레싱을 만들 때는 올리브 기름과 포도씨 기름을 섞어서 쓰는 것이 비결이다. 이 기름은 냉장고에 넣어도 굳지 않는다.

마지막으로 소스를 살펴보면 식초는 현미 식초를 주로 사용하며, 제일 좋은 식초는 레몬을 직접 쓰는 것이 특징이다. 노부 씨가 가장 자랑하는 와사비 소스와 마츠히사 드레싱은 우리도 한 번 사용해 볼만한 소스인 것 같다. 「소스의 이론과 실제」에 제시한 지역 특성에 맞는 소스 개발 제안을 소개해 본다.

서양요리는 서양에서 시작되었으므로 서양인의 입맛에 맞도록 된 것이다. 그러나 현재 양식당의 고객 중 많은 사람이 내국인이다. 또한 외국인들은 방문국 특유의 요리를 원하고 있다. 이들에게 우리 식품의 맛의 뿌리를 찾고 한국 식품의 상품적 이미지를 보여 주는 것이 중요하다. 그래서 우리 고유의 맛을 세계 시장에 부각시키며, 외국인의 입맛에 맞는 요리를 제공할 필요가 있다. 요리에 곁들여지는 소스 역시 그 나라, 그 지역 특성에 맞는 식재료를 이용하여 개발하는 것이 고객의 요구에 부응하는 것이며 더

나아가 우리의 것을 외국인에게 자랑스럽게 소개할 수 있는 것이다.

다음은 식재료를 중심으로 지역별로 지역 특성에 맞는 소스 개발에 대한 의견을 제시해 본다.

한국의 지역적 특색은 3면이 바다인 관계로 해산물이 풍부하며, 내륙으로 갈수록 산지가 많아 산림에서 얻어지는 식재료가 많다는 것이다. 이러한 특징으로 인하여 경상, 전라, 충청, 강원, 경기, 제주 등 지방에 따라 음식의 성향 역시 많은 차이를 보이고 있다. 이는 각 지방이 지니는 기후와도 깊은 연관이 있다는 것을 보여 준다. 제주도의 예를 들면 기후가 서안 해양성 기후와 비슷해 감귤이 많이 생산된다. 제주도에서 생산되는 감귤을 이용하여 소스를 만든다면, 캘리포니아산 오렌지 소스에서 느낄 수 없는 고유의 맛을 얻을 수 있을 것이다. 경상북도의 경우, 분지인 관계로 연중 온도가 다른 지방보다 높다. 따라서 음식물의 보존을 위해서 사용되는 소금의 양도 다른 곳보다 많다. 이 지방의 음식은 염도가 높은 것이 특징이다. 또한 고추의 생산량도 많은데 적피망(Red Pepper) 소스를 개발하여 요리에 사용하면 특별한 맛을 낼 수 있다. 예를 들어 헝가리에서 생산되는 파프리카 소스, 스페인에서 생산되는 피망(Red Pimento)으로 만든 안달루즈 소스 등은 세계적으로 유명하다.

또한 지역에 따른 음식의 특성을 살린 소스의 개발도 매우 중요한 과제이다. 싱거운 음식에 경상도나 전라도 식의 짠 소스를 가미하였을 때, 그 맛의 조화가 이루어진다. 이와 반대로 간이 강한 요리에 경기나 서울의 심심한 간을 지닌 특별 소스를 가미하였을 때도 조화를 이룰 수 있다. 강원도의 경우, 산지가 많아 산딸기 등의 재배와 버섯양식, 감자 등의 수확이 매우 유리하고, 또한 목장의 설치가 용이하여 질 좋은 우유를 얻을 수 있는 장점이 있다. 버섯류는 거의 야생에 가까우므로 버섯 소스 등, 브라운 계통의 소스에 많은 발전을 가져올 수 있다고 보여진다. 또한 이곳은 바다와도 접하고 있어 해산물을 이용하여 충분한 육수(Stock)를 얻을 수 있고, 생선 요리도 다양하게 만들 수 있으므로, 생선에 적합한 소스를 얻을 수 있는 충분한 조건을 구비하고 있다. 또한 옥수수가 많이 생산되어 소스의 염도를 조절하는 콘스타치를 얻을 수 있다는 점도 장점이라 할 수 있다.

프랑스의 경우, 요리가 발달하고 요리사들이 대우받는 이유는 주변에서 생산되는 식자재를 충분히 활용하여 이를 상품화하고, 상품화된 요리로 인하여 생산농민들의 소득이 증가됨에 따라 이들의 지위도 격상되고 있기 때문으로 볼 수 있다. 우리도 국내에서 재배되는 식재료를 이용하여 소스를 개발할 수 있는 충분한 가능성을 지니고 있다.

4. 발사믹 식초(Balsamic Vinegar) 탄생의 비밀

포도재배와 포도주 양조는 이탈리아의 모든 지역에서 이루어지고 있어서 이탈리아의 식초는 백포도나 적포도 양쪽 모두로부터 초산화에 의해서 만들어진다.

이탈리아의 국법은 식초 만드는 일에 매우 엄격한데, 예를 들어 식초 만드는 곳은 포도주 만드는 곳과 반드시 떨어져 있어야 한다고 못박고 있다. 이탈리아에서 가장 유명한 식초들은 포도주에서 온 것이 아니고 발효되지 않은 포도주스에서 나온 것이다.

Balsamic의 기원을 살펴보면 1046년 Enrico 3세가 Emilia 지방 순시중 Balsamico 맛을 보고 극찬한 기록이 있고 그 후 1476년 알폰소(Alfonso) 1세 결혼식 때 사용하여 화제가 되었을 뿐 아니라, Balsamic이라는 이름은 18세기 때부터 사용되기 시작했고, 1800년부터는 결혼시 여자의 지참물이 될 정도였다.

이탈리아 최대의 발사믹 식초 회사를 소개해 보면 'Aceto Balsamico Treadizionale di Modena'와 'Aceto Balsamico Tradizionale di Reggio Emilia'이다. 이 회사들은 그다지 알려지지 않은 곳이었지만 지금은 전세계로 뻗어나간 회사들이다. 이 두 회사는 고대 로마와 그 시대의 다른 나라들로부터 온 고대의 기술을 아직도 그들의 생산라인에 적용하고 있고 고대의 그것에 비하여 그다지 변하지 않았다.

특히 발사믹 비니거(Balsamic Vinegar)는 에밀리아(Emilia) 지방 모데나(Modena)의 지방 특산물이며 옛날에는 약으로도 사용했으며 그 향과 맛은 매우 특이하다. 그리고 이 식초는 백포도에서 만들어지고(특별한 경우에는 소수의 적포도주에서도 가능하다) 이 포도는 대체로 모데나나 레지오 에밀리아(Reggio Emilia) 지역에서 재배된다. 그리고 해마다 5가지 다른 종류의 나무로 만들어진 Battery라는 용기로 옮겨진다. 가장 많이 쓰이는 나무의 종류로는 체리, 뽕나무, 곱향나무, 오크, 밤나무 등이 있다. 이 나무 각각이 식초의 특별한 향기와 맛을 나게 한다. 발사믹 식초는 아주 비싼데 그 이유는 숙성하면서 많은 양을 잃어버리기 때문이다. 좋은 발사믹 식초는 12년의 숙성 뒤에 60ℓ의 신선한 재료가 최대 20ℓ의 완성된 식초로 남는다. 요즘은 최소 7년을 숙성시켜야 발사믹이란 이름을 붙일 수 있다고 한다. 25년이 넘게 숙성되면 엑스트라베치오(Extravecchio)라고 한다. 발사믹 식초는 각 가정의 전통에 따라 제조되며 책으로는 배울 수 없고 단지 기능인의 가르침만으로 가능하다.

Master Taster가 여러 가지의 선정 기준에 따라 관리하며 협회(Consortium)에서 발행하는 'Seal of Guarantee'의 보증서가 부착된 병에 한하여 출하 가능하다.

식초란 초산 농도가 약 4~6% 정도를 함유한 액체를 말하며 음식물을 부드럽게 하거나 살균의 효과가 있으며 발효, 가향, 농축, 과일식초 등이 있다. 주스는 약 화씨 155° 열로 가열되어서 1/3이나 1/2 정도로 농축될 때까지 가열된다. 이 용액은 반드시 겨울동안 옮겨져서 보관되어야 한다. 봄에 알코올 발효가 일어나고 초모를 주입함으로써 초산화가 된다. 정제가 끝나면 통에 넣어서 저장된다. 성공적인 숙성이 점점 더 작아지는 크기의 나무 통으로 옮겨지면서 이루어진다. 이 통들은 Acetaie 또는 식초 지하실이라고 하는 곳에 저장된다. 증발에 의해서 매년 10%가 줄어든다.

이 식초의 일반적인 특징은 검은 반짝이는 브라운 색깔에 쏘는 냄새와 은근한 향기를 가진 상쾌하고 조화로운 새콤함과 달짝지근한 맛 그리고 아주 향이 강하다는 것이다. 또한 생산자의 성향과 경험에 따라 통을 쌓아두는 차례와 시간이 결정되어진다. 12년의 숙성 뒤에 18.4갤런의 원액은 최대 3쿼트의 식초로 변해야 하고, 이것이 왜 이렇게 비싼지 말해 준다. 식초는 사용된 나무에 따라서 향기롭고 상쾌한 식초 냄새를 띠고 적당한 단맛과 충분한 산성을 포함한 신맛 등 냄새를 중화시키고 있다. 이 식초는 시럽과 같은 느낌이지만 잘 흘러내리기도 한다.

발사믹 식초의 가장 좋은 사용방법은 한 사람당 1티스푼 정도의 양을 사용하는 것이며 보통 소금, 오일과 함께 쓰인다. 최상은 서빙하기 전 접시에 식초를 붓고 음식을 놓거나 음식 위에 흩뿌리는 방법이 좋다.

5. 타바스코 소스(Tabasco Sauce) 탄생의 비밀

타바스코는 원래 멕시코가 원산지인 아주 맵고 작은 고추인 tuh-BAS-koh의 이름이다. 'Damp Earth'-땅의 독기-라는 뜻을 갖고 있는 이 고추는 루이지애나의 일부분에서 자라고 있지만 넓게 사용되지는 않고 다만 18세기 중반 이후로 Mcllhenny사에 의해 타바스코라 이름 붙여진 소스를 만드는 데 사용된다. 타바스코 소스는 타바스코 고추와 식초, 소금으로 만들어지는데 수확된 고추는 으깨져 에이버리섬의 소금과 함께 섞여 오크통에 채워지며 3년 이상 숙성된다. 그런 다음 고추씨와 껍질 등의 건더기는 걸러 내어 병에 담아서 105개국의 식탁 위로 퍼져나간다.

이 소스 탄생을 보면 1850년 애드문드 맥킬레니(Edmund Mcllhenny, 1815~1890, 뉴올리언스 은행가)는 멕시코 전쟁 동안 멕시코에서 수확되는 건조한 고추를 멕시코부터 뉴올리언스까지 돌아오는 군인으로부터 선물받았다(1846~1848). 맥킬레니는 이것을 자신의 농장에 심고 수확해 소스를 만들어 보기 시작했다. 그리고 그는 잘 익은 고추를 소금과 함께 참나무통에 보관해 두었는데 고추가 발효되면서 좋은 향이 나는 것을 알아냈다. 여기에 에이버리섬의 명산품인 소금과 식초를 넣고 3년 이상 발효·숙성시켜서 만든 것이 현재의 타바스코 소스이다. 이렇게 해서 생산된 타바스코 소스는 1870년대 미국 전역에 판매하기에 이르렀다. 처음에 맥킬레니는 타바스코 소스를 버려진 향수병에 담고, 조금씩 뿌릴 수 있는 마개를 단 후 직접 라벨을 만들어 붙였다. 지금도 예전과 같은 제조방법을 사용하고 있으며, 오늘날에도 맥킬레니 자손들에 의해서 회사가 운영되고 있다.

그 후 매운맛의 타바스코 소스는 미국 맥킬레니(Mcllhenny)사의 상표명으로 수많은 핫소스 중의 한 종류로 성장할 수 있었다.

6. 베샤멜 소스(Bechamel Sauce) 탄생의 비밀

원래 소스는 냉장기술이 없을 당시 음식이 약간 변질되었을 때 맛을 감추기 위하여 요리사들이 만들어 낸 것이라 한다. 하지만 고기의 질과 냉장기술이 발달된 오늘날에도 요리의 풍미를 더해 주고 요리의 맛과 외형 그리고 수분을 돋우기 위해 소스의 중요성은 강조되고 있다.

소스의 어원은 라틴어의 '소금'을 뜻하는 'Sal'에서 유래했다. 음식을 만들 때 소금의 첨가 여부에 따라서 음식 맛이 천차만별로 달라지는 것을 생각할 때, 소스가 소금처럼 요리에 꼭 필요한 요소로서 음식의 맛을 결정한다는 사실은 더욱 강조된다. 다음은 베샤멜 소스에 대한 유래이다.

'베샤멜 소스(Sauce Bechamel)'는 흰 소스의 대명사로 불리우며 현대요리에는 절대적으로 빼놓을 수 없는 것으로 '루이 드 베샤메유(Lours de Bechamel)'라는 이름에서 유래해 왔다고 알려져 있다. 루이 드 베샤메유는 은행가로서 루이 14세 급사장직을 맡아 일했는데 당시 급사장이란 직위는 현재 식당의 급사장과는 전혀 다르며 그 당시 최고의 귀족만이 차지할 수 있는 지위였다. 그렇지만 여기에서 주목해야 할 사실은 베샤멜 소스의 발명자가 이 베샤메유 후작이라고 전해지고 있으나 실제로는 그가 태어나기 전부터 이 소스가 존재하고 있다는 것이다. 아마도 베샤메유 후작에게 봉사하고 있던 요리사가 주인에게 경의를 표하면서 이 이름을 붙이게 된 것이 아닌가 생각된다.

베샤멜 소스를 만드는 법을 소개하자면, 먼저 밀가루는 체에 쳐서 준비한다. 버터는 말랑말랑한 것을 준비하고 우유는 데워 놓는다. 달군 팬에 버터를 녹인 다음 밀가루를 넣고 밀가루 냄새가 나지 않을 때까지 볶아 '화이트 루(White Roux)'를 만든다. 루가 만들어지면 일단 식혔다가 우유를 조금씩 넣으면서 계속 저어 준다. 이렇게 만들어진 소스를 일단 소창에 한 번 걸러서 향신료를 넣고 은근히 끓인 다음 마지막으로 소금, 후추로 맛을 낸 후 소창에 거른다. 완성된 소스는 실온에서 식힌 다음 흐르는 물에 완전히 식혀 사용한다.

7. 우스터 소스 탄생의 비밀

우리가 우스터 소스라고 알고 있는 소스의 정확한 이름은 워스터셔(Worcestershire)이다. 영국의 워스터셔라는 지명에서 유래된 것이지만 맛의 원조는 인도이다. 서양요리의 간장이라 할 수 있는 우스터 소스는 1835년 영국의 잉글랜드 중부 헤리 퍼드앤드 우스터 주에서 만들어졌다. 우스터 소스가 만들어진 유래를 살펴보면 영국 워스터셔(Worcestershire) 지방의 귀족 샌디스 경의 부인은 「The Gambler's Wife」의 저자인 Mrs. Grey에게서 좋은 커리 파우더를 얻으러 갔다가 그녀의 책상에서 놀랄 만한 레시피를 구했다. 이 레시피는 Mrs. Grey의 삼촌이 인도의 총독으로 있을 당시에 가져온 것이었다. 샌디스 부인은 동네에서 약국을 경영하던 존 리와 윌리엄 페린스 형제에게 레시피에 있는 그대로의 소스를 만들어 달라고 주문했다. 하지만 이들 형제가 만들어 낸 소스는 맛이 너무 강해 먹을 수가 없을 정도였다. 리와 페린스 형제는 이 소스를 창고에 처박아 두었다. 그 후 2년 동안 창고의 선반에 그대로 방치되어 있다가, 어느날 청소를 하던 중 다시 우스터 소스가 발견되었다. 이들 형제는 소스병을 열어 호기심에 맛을 보았는데 놀랍게도 발효가 진행되어 매혹적인 맛과 향을 지닌 소스로 변해 있었다. 이렇게 해서 리 앤드 페린스(Lee & Perrins)의 오리지널 소스가 탄생하게 된 것이다. 식초, 당근, 셀러리, 토마토, 설탕, 앤초비, 양파, 마늘, 여러 가지 향신료 등이 들어간 국물에 소금, 캐러멜 등을 첨가하여 6~12개월 동안 숙성시켜 만든 것으로 서양의 간장으로 알려져 있다. 요즘은 시중에서 쉽게 구할 수 있는 것으로 우스터 소스의 용도는 스테이크 소스나 바비큐 소스를 만들 때 맛의 첨가를 위해 사용하고 고기 재울 때 육류와 생선의 맛을 부드럽게 하며 풍미를 더해 주는 것으로 많이 알려져 있다. 그러나 우스터 소스의 배합량은 오늘날까지도 일급 비밀로 유지되고 있다.

8. 토마토케첩 소스 탄생의 비밀

케첩(Ketchup)이라는 말은 말레이시아어인 'Kechap' 인데, 이 말은 중국의 광동지방 사투리인 'Kechap' 에서 유래되었다. 원래 광동지방은 일찍부터 구미문화를 접한 관계로 구미풍이 혼합되어 있어 국제적인 요리관이 정착되어 독특한 음식 문화가 형성된 곳이다. 'Catchup' 이라는 단어는 1960년 영국에서 처음 사용되었으며, 'Ketchup' 은 1711년에, 'Catsup' 은 1730년부터 사용되었다. 외국에서 도래한 단어이기 때문에 이렇게 3가지의 스펠링으로 사용된 것이다. 1727년에 엘리자베스 스미스(Elizabeth Smith)가 지은 책인 「The Compleat Housewife」에 케첩의 조리법이 처음으로 등장하였다. 이 조리법에는 앤초비, 마늘양파(Shallot), 식초, 백포도주, 정향, 생강, 넛맥 등의 향신료, 후추, 레몬껍질 등이 포함되어 있다. 85년 뒤에 토마토가 들어 있는 조리법을 미국인 James Mease가 「Nova Scotia」에 처음으로 실었다. 1837년에는 영국에서 유행인 버섯 케첩을 대신해서 차별성을 두기 위해 '토마토 Chutney' 라는 이름으로 케첩을 팔았다. 그 후 1837년 미국에서 Jonas Yerkes에 의해 전국적으로 판매되었다. 그는 토마토 캔의 부산물인 껍질, 줄기, 푸른 토마토와 식초, 설탕을 첨가해서 판매하였다. 미국의 종합식품회사하인즈를 창업한 헨리 존 하인즈는 싱가포르를 통해 유럽으로 전파된 케치압의 조리법을 활용해 1876년 세계 최초로 '케첩(Ketchup)' 을 상용화했다.

어류 대신 토마토 과육을 넣고 설탕과 소금, 식초 등으로 맛을 낸 현재의 케첩을 탄생시킨 것이다. 투명한 유리병에 담겨진 이 색다른 소스는 금세 미국인들의 입맛을 사로잡았고 전 세계에 퍼지기 시작했다. 오늘날 하인즈는 세계 케첩 시장의 3분의 1과 미국 시장의 50% 이상을 차지하는 '케첩의 원조'로 군림하고 있다.

요즘은 하인즈가 만든 케첩이 표준이 되었고, 우리나라에서는 1971년 오뚜기에서 출시된 토마토 케첩이 최초로 소개되었다.

필자는 1978년 하얏트 호텔 근무 당시 케첩을 이용하여 사우전드 아일랜드 소스를 만들었는데 손님들이 이 소스를 너무 좋아하고 선호하여 하루에 10ℓ까지 만든 기억이 난다. 그리고 칵테일 소스를 케첩으로 만들었는데 그 동안 우리의 초고추장에만 길들여진 입맛에 토마토케첩에 타바스코, 레몬즙, 매운 맛의 홀스래디시(서양 고추냉이), 꼬냑을 넣어 만들어 새우를 삶은 것과 같이 고객에게 제공하니 그 인기는 대단했다. 칵테일 소스의 인기는 그 후에도 계속되었다. 요즘도 칵테일 소스는 활어회, 숙회 등에 인기 있는 걸 보면 소스의 비밀은 존재하는 것 같다.

9. 샹틸리 소스(Chantilly Sauce) 탄생의 비밀

샹틸리는 파리 북쪽에 있는 성으로 바텔(Vatel)이라는 유명한 요리사가 근무하던 곳이기도 하다. 바텔(1635~1671)은 파리에서 태어나 루이 15세를 모셨는데, 고기가 부족하자 자기의 다리살을 떼어 손님을 접대했다는 일화가 있다.

샹틸리(Chantilly)는 원래 로마 사람 Cantillus에 의해 세워졌다. 16C 중반 몽모랑시(Montmorency) 공작이 이탈리아에서 그의 승리를 기념하기 위해 현재의 위치에 르네상스 양식의 성을 지었다. 그 후 루이 13세에 대항하는 군대를 양성했다는 이유로 이 가문은 몰락하게 되고, 이곳은 루이 14세의 사촌인 꽁데(Conde) 왕자에게로 넘어갔다.

꽁데 왕자는 르 노트르(Le Notre)에 의해 설계된 이 성의 아름다운 정원에서 왕을 위한 연회를 자주 베풀었다고 한다. 이러한 잦은 연회 중에 생긴 에피소드 하나가 있다.

1671년 당시 요리 담당자는 바텔이었다. 그 날도 이 성에는 루이 14세를 위한 연회를 베풀기 위한 준비가 한창이었다. 그러나 예정 시간이 흘렀는데도 연회를 위한 고기와 생선 등이 도착하지 않았다. 3,000여명이 참석하기로 된 거대한 연회였던지라 더욱 당황한 바텔은 "이 불명예를 어찌 감당할 것인가!"라며 탄식과 함께 칼로 자신을 찌르고 만다. 아이러니하게도 바로 그 순간 고기와 생선을 실은 마차가 성 안에 들어오고 있었다고 한다.

이 사건 때문인지는 몰라도 그 후 이 성은 휘핑크림(Whipped Cream)의 발명과 함께 요리로 더욱 유명해져 지금도 성 안에 레스토랑이 있으며, 꽁데 박물관(Musee Conde) 정문 앞에는 이 레스토랑의 메뉴와 가격이 적힌 게시판이 있다.

10. 로베르 소스와 비가라드 소스 탄생의 비밀

갈색 소스는 육수와 농후제(Liaison)가 섞인 것인데 다른 재료의 첨가에 따라 변형된 소스가 만들어진다. 그러므로 와인, 육수 부재료 등 모든 구성요소들이 조화 있게 결합하여 그 소스의 맛을 낼 수 있다. 마지막으로 소스를 가장 맛있게 하려면 좋은 재료로 만든 기초 육수가 좋아야 기초 소스, 즉 모체 소스의 맛이 좋아진다. 파생 소스는 모체 소스의 질에 따라 맛이 좌우되고 요리 또한 소스에 의해 결정될 수 있다. 그리고 복잡한 요리에는 단순한 소스를 사용하는 것이 원칙이다. 또한 색이 좋지 않은 요리에는 화려한 소스를, 싱거운 요리에는 강한 소스를, 퍽퍽한 요리에는 수분이 많은 부드러운 소스를 사용함으로써 요리와의 조화를 이룬다.

프랑스에서 만들어진 요리는 만든 사람의 이름, 식재료 이름, 지방 이름, 포도주 이름 등에서 많이 유래된 사실을 발견할 수 있다.

예를 들면 보흐델레즈(Bordelaise), 브루귀뇽(Bourguignonne), 보졸레(Beaujolaise) 등은 포도주 이름에서 유래되었고, 에스파뇰(Espagnole)은 지명에서 유래된 것이다. 그리고 만든 사람의 이름에서 유래된 로베르 소스는 식초와 백포도주를 토대로 만든 소스의 이름으로 옛날부터 돼지고기(Cotes de Porc)와 그 밖의 육류(Viandes Grillees)에 많이 사용됐다. 사람들은 오를레앙공 필립의 섭정 시대 요리사인 로버트 비노트(Rovert Vinot)가 이것을 만들었다고 한다.

비가라드 소스는 프랑스 중부 지방에서 재배되고, 설탕에 절인 비가라드 니스의 특산품이다. 비가라드란 큐라소(Curacao)를 만드는 오렌지로, 큐라소는 오렌지 리큐르인데 원칙적으로 오렌지 껍질만을 사용하여 만든다. 종류는 흰색이 주종인데 착색을 하여 블루, 레드, 그린 등이 있다.

또한 샤또브리앙(Chateaubrian)은 프랑스 낭만주의 대표 작가인데 그는 고기를 아주 즐기는 사람이었다. 이에 그의 요리사 몽미레라는 사람이 주인을 위해 고안한 스테이크가 유래가 되어 요즘도 많이 선호되고 있다. 이 소스 역시 마데라 와인과 향신료가 많이 들어간 것이 특징이다.

11. A1 소스(A1 Steak Sauce) 탄생의 비밀

A1 소스는 양식당에 가면 어김없이 제공되는 소스이다.

네모진 병에 검은빛이 나는데 말로 표현할 수 없는 신기한 맛과 향을 낸다. 이 소스의 맛과 농도, 색이 양식에서 안심 스테이크 소스의 원조로 되어 있어서 필자는 이것을 기준으로 소스를 제조해야 하나 고민해 본 적도 있다. 하지만 요즘 이 소스는 가공제품으로 볼 수 있다. 일부에서 이 소스는 갈색 소스를 대신하는 것으로 알려져 있지만 실제로 이 소스의 역사는 100년이 넘는다. A1 소스 탄생의 역사를 살펴보면 잉글랜드의 조지 4세의 요리사였던 핸더슨 윌리엄 브랜드(Henderson William Brand)가 만들어 왕에게 제공하여 칭찬을 받은 것으로 알려져 있다. 이 소스는 고기추출물을 고와서 육수를 만들어 갖은 향신료를 첨가하여 만든 것으로 육류, 생선, 해산물, 가금류 등에 곁들여지는 소스로 만들었다. 그것이 1931년이니 지금부터 130년 전인데 지금도 스테이크에는 이 소스만한 것이 없다고 미국인들은 믿고 있다. 이 소스는 스튜, 찜 요리 등에 풍미를 강화해 주는 전설적인 맛을 풍기고 있다. A1 소스가 되기까지는 여러 번의 고비가 있었는데 1850년 최고의 요리전문가였지만 사업가는 아니었던 브랜드가 파산하였고 브랜드의 제품이 최고라는 것을 알고 있었던 그의 친구 W. H, Withall이 인수받았다. 그 후 1862년 스테이크 소스는 영국 런던의 국제전시회에 출품되었고 다시 A1이라고 칭해졌다. 최고의 출발을 한 이 소스는 북아메리카에서 가장 유명한 스테이크 소스가 되었다.

1873년에 Withall은 Dence & Mason에게 회사를 팔기로 결정했으나 브랜드는 상표위반을 주장하였다. 법적인 소송은 Dence & Mason이 브랜드에게 연금을 지불하고 회사를 구입하기까지 8년이 걸렸다. 소스의 공식적인 이름이 A1 Steak Sauce로 불리게 되었다.

그 후 1890년대 A1 Steak Sauce는 런던과 파리의 국제전시회에서 상을 받았고 사람들의 마음에 자리잡기 시작했다. 1895년 A1 Steak Sauce라는 상표가 북아메리카에 등록되었다. 1900년대 초 A1 Steak Sauce는 북아메리카 정찬 테이블에 놓여지기 시작했다. 1931년 A1 Steak Sauce는 캐나다에 수출되었으며 국민식품이 되었다. 1970년대 소비자는 A1 Steak Sauce가 스테이크만을 위한 소스가 아니라 다른 종류의 고기와 채소에도 사용이 된다는 것을 깨달았다. 요즘의 이금기 굴소스와 비슷하게 사용했다. 그 후 1990년대에 스테이크와 스테이크 하우스가 유행하게 됨과 동시에 A1 Steak Sauce 또한 유명해졌다. 우리나라에서 A1 소스가 사용된 시기는 언제인지 정확히 모르지만 조리업계의 대선배이신 향원 백인수 선생님의 증언에 의하면 1944년부터 1962년까지는 보지 못했고 1967년 극동호텔에서 처음 사용했다는 말씀을 하셨다. 필자가 생각하기에는 아마도 전쟁 후 외국인들의 유입과 동시에 테이블 소스로 특수한 계층 사람들이 이용했을 것으로 추측된다.

소스는 식재료 본래의 맛과 향기를 유지하면서 음식의 향기를 더욱 좋게하고 맛을 더해 주는 역할을 한다. 세계인이 인정하는 A1 스테이크 소스의 가장 큰 특징은 고기를 구울 때 나오는 독성을 중화시키는 작용을 하고 고기 자체의 풍미를 훼손시키지 않는 소스 본래의 역할을 충실히 하여 풍부한 맛의 스타일을 느낄 수 있다는 점이다. 맛이 워낙 대중화되어서 스테이크 요리뿐 아니라 고기를 재울 때나 볶음, 조림 등에 사용하여도 색다른 맛을 즐길 수 있다. 다음은 외국책에 소개된 A1 소스의 양목표를 소개해 본다.

A1 소스 재료

재료 준비 방법	양	측정단위
Dark Molasses(흑당밀)	1/2	C
Green Onions - Chop(파 다진 것)	2	
Coarse Salt (Kosher)(굵은 소금)	3	Tbsp
Dry Mustard(마른 겨자)	3	Tbsp
Paprika(파프리카)	1	Tsp
Cayene(서양식 고춧가루)	1/4	Tsp
Clove Garlic - Crush(마늘 다진 것)	1	
Garlic Powder(마늘 가루)	1	Tsp
Anchovy Fillet - Chop(앤초비 다진 것)	1	
Anchovey Paste(앤초비 페이스트)	1	Tbsp
Fresh Taramind(타마린드)	6	Tbsp
Taramind Extract(타마린드 추출물)	1	Tbsp
Pepper(후추), Fenugreek(호로파)	1/2	Tsp
Powdered Ginger(생강가루)	1/2	Tsp
Ground Cinnamon(갈은 계피)	1/2	Tsp
Powdered Cloves(정향가루)	1	Tsp
Caradamen Seeds Tabasco(타바스코)	3	drops
Rhine Wine(백포도주)	6	oz
Rose Wine(로즈 와인)	2	oz
White Vinegar(하얀식초)	1	pt
Kitchen Bouquet(키친부케)	1	tbsp
Postum Powder	1	tbsp

A1 소스 만드는 법

1. 모든 양념을 넣고 고운 가루가 될 때까지 간다.
2. 전체 분량 반 정도의 식초를 넣고 약한 불로 한 시간을 끓인다.
3. 전체 양이 반 정도가 되었을 때 식초의 나머지를 더 첨가한다.
4. 타바스코, 와인, 키친부케를 넣고 젓는다.
5. 잘 녹을 때까지 3분 정도 조리한다.
6. 불에서 내려 항아리(병)에 붓고 1주일 동안 뚜껑을 덮어 둔다.
7. 면보에 꼭 짠다. 이 동작을 6회 반복한다.
8. 병에 담고 뚜껑을 꼭 잠근다.

9. 차게 냉장을 시킨다.

10. 1년 동안 냉동시킨다.

● 위 A1 소스의 레시피는 Gloria Pitzer에 의해 만들어진 것이다.

12. 이금기 소스 탄생의 비밀

이금기 소스는 유럽, 동남아 등지 심지어는 지도상에서도 찾기 힘든 섬나라에서조차도 잘 팔리고 있다.

이금기는 세계적으로 유명한 정상급 중국식 소스 브랜드 업체이다. 오래 전 19세기에 이금기사의 설립자 이금상 선생은 중국 광둥성 남수진에서 굴 소스를 발명하였다. 굴 소스는 이금상 선생이 조리사로 근무할 때 굴을 볶다가 친구가 와서 이야기를 나누다 생각이 나서 주방으로 급하게 가보니 색이 노랗게 볶아지고 있었다. 이금상은 버리게 된 굴을 소스로 만들어 판매할 생각을 가지고 굴을 볶은 후 갖은 향신료와 양념으로 굴 소스를 발명하게 되었다. 그 후 1888년에 이금기사를 창립하여 오늘날 집집마다 사용되고 있는 '소스 왕국'으로 발전시켰다. 1902년 당시 굴 소스는 고급 상품에 속하였다. 시장을 찾기 위해 이금기사는 주하이(珠海)에서 마카오까지 이동하였고, 1932년에는 홍콩까지 옮겨가게 되었다. 홍콩은 당시 소비 능력이 그다지 높지 않았다. 1970년대가 되어도 이금기사는 여전히 일반적인 '굴 소스 가게'일 뿐이었다. 더욱 큰 시장을 얻기 위해 1980년대에 미국에 들어가 거대한 해외 시장을 쟁취하였다. 4대의 꾸준한 노력을 거쳐 이금기사는 '아시아 제일의 식품 브랜드'라고 칭송받게 되었고, 상품은 전 세계 80여 개국에 팔렸다. 이금기사는 "중국의 우수한 음식을 전 세계에 전파하고, 중국인이 있는 곳에는 바로 이금기사의 상품이 있다."라는 첫 번째 사명을 실현하게 되었다. 리훼이썬은 줄곧 '세 가지의 전념하는 마음'으로 이 사명을 완성하였다고 한다. 중국시장을 형성하는 데 전념하였고, 중약 및 민간 보건 상품을 생산하는 데 전념하였으며, 무한극 사업에 전념한 것이 바로 그것이다. 그는 "국제적으로 경제 발전 속도가 가장 빠르고 활력이 있는 곳은 중국이며, 오로지 전심전력으로 뛰어든다면 훌륭한 성과를 얻을 수 있다."고 믿었다. 중국의 시장은 지역 문화의 차이 때문에 30여 개의 다른 시장을 이해할 수 있다. 그러나 이러한 큰 시장에는 지역적인 회사는 비교적 많으나, 전국적인 회사는 적을 수밖에 없다. 한 회사가 시장점유율 5%를 차지하면 지역에서나 1위가 될 수 있다는 것이다. 남방 이금기사의 교육 경영 소비 방식은 건강 강좌, 사회 활동을 통해서도 실현되고 있다. 그 밖에 이금기사는 대량의 교육 CD, 자료 수첩 등 훈련 도구를 제작하고 있다. 사내의 인터넷에도 보양 지식과 중약, 보건 상품 소개 코너를 개설하고 있으며, 동시에 상품 관련 지식 소개와 해답을 부가시키고 있다. 남방의 이금기사는 사내 상하, 내외로 모든 고객들에게 '영원한 관심, 영원한 협동, 영원한 창의력'이라는 기업 정신을 몸소 보여 주고 있다. 10년의 경험을 통해 남방 이금기사는 이미 과학 연구 기술의 중심지가 되었고, 생산과 판매가 하나가 된 대형 중약, 보건 상품 기업이 되었다. 전국 10여 개의 지사와 29개 성 자치구에 80여 개의 무한극 전문 판매점이 분포되어 있어, 거대한 판매 및 서비스 네트워크가 형성되었다고 볼 수 있다.

13. 홀렌다이즈 소스와 베어네즈 소스 유래

버터의 기원은 초기 노르만 민족이 소와 양, 염소, 낙타 등의 우유에서 만든 것을 시초로 아리안(Aryan)들이 이것을 신성한 음식으로 생각한 인도인에게 소개했다. 그 후 그리스로부터 유럽 전역으로 퍼졌다는 설이 있다. 미국 농무성의 버터에 대한 정의를 보면 "버터라고 알려진 식품은 우유, 크림 혹은 우유크림 혼합물에서만 만들어지고 무염이나 유염 그리고 색소를 넣거나 안 넣거나 하여 유지방이 80% 포함된 것이다."라고 했다. 고급 버터는 맛있고 달콤하고 좋은 향이 나는 것인데 요리에는 주로 무염을 사용하고 있다.

서양요리에서 버터를 이용한 소스는 무수히 많지만 대표적인 것은 홀렌다이즈, 베어네즈, 베흐블랑 등이 있다.

홀렌다이즈(Hollandaise) 소스의 유래를 살펴보면 홀란드의 원래 의미는 'Dutch'이다. 네덜란드가 옛날에 프랑스 식민지일 때 버터 등을 공물로 바치던 것이 소스의 이름이 되었다. 이 소스는 달걀이 익으면 안 되고 브로콜리, 아스파라거스 등의 채소가 고기요리에 사용된다. 또한 베어네즈(Bearnaise) 소스는 처음으로 파비엉(Pavillon) 헨리 4세를 위하여 1830년 컬리네트(Collinet)라는 요리사에 의해 생트 제르맹 앙 래(Saint Germain en Laye)에서 만들어졌다고 한다. 참고로 소스명 뒤에 'naise'가 붙으면 스타일, 지방명이 되는 경향이 많다.

14. 아메리칸 소스 탄생의 비밀

갑각류는 껍질은 딱딱한 반면 속살은 부드럽다. 특히 바닷가재는 회로 먹거나 서양요리에서 고급으로 이용되는 재료이다. 프랑스의 유명한 맥심 레스토랑에 가면 살아있는 바닷가재를 손님이 보는 앞에서 냄비에 담고 뚜껑을 닫아 익히는 것으로 유명하다.

우리는 특히 갑각류에 키토산이 있어서 우리 몸에 좋다고 생각하는데, 키토산 물질은 갑각류 껍질에 존재하는 것은 사실이지만 추출하려면 어려운 과정을 거쳐야 하기 때문에 바닷가재, 게 등을 먹었다고 키토산을 섭취했다고 생각하면 오산이다.

바닷가재에 많이 사용하는 소스로는 아메리칸 소스가 있다. 이 소스는 프랑스에서 처음 만들어졌지만 이름은 아메리칸 이름이 붙어 있어 많은 조리사 들의 궁금증을 불러 일으키고 있지만 유래를 알고 보면 이해가 된다.

아메리칸 소스는 미국에서 일한 경험이 있는 피에르 프레세에 의해 창조된 바닷가재 소스 중 가장 대표적인 소스이다. 그는 1900년 경에 게마인 필론(Germain Pilon) 거리에서 식당을 경영하던 중 어느날 폐점이 가까워졌는데 손님이 와서 요리를 주문하였다. 짧은 시간에 식사제공을 위해서 여러 가지 생각 중에 냄비에 버터, 토마토, 마늘, 백포도주를 넣고 끓였다. 그리고 바닷가재를 조각으로 자르고 소스를 걸러서 요리를 만들어 손님에게 제공했다. 요리가 맛이 있어 손님들이 이 요리가 무엇이냐고 물으니 아무 생각 없이 '오마르드 아 아메리켄(Homard a Americaine)'이라고 말했다. 그 후 아메리칸 소스가 유명해졌다. 이 소스는 적색 소스로서 생선 소스의 대표적인 소스이다.

참고문헌

국내 문헌

강순의. 「한국의 맛 김치」. 한국외식정보, 2001.

강인희. 「한국 식생활 풍속」. 삼영사, 1988.

_____. 「한국 식생활 변천사」. 식생활개선범국민운동본부, 1988.

구난숙 외 3인. 「세계 속의 음식문화」. 교문사, 2001. p. 16~35.

김광언. 「한국의 부엌」. 대원사, 1989.

김상보. 「장인의 중국요리」. 수학사, 1999.

김원일. 「정통서양요리」. 기문사, 1994, pp. 163~177.

김자경. 「맛으로 느끼고 멋으로 즐기는 지구촌 음식 문화 여행」. 자작나무, 1999.

김종금. 「현대 일본 요리」. 홍익제, 1991.

나영선. 「올리브향 가득한 이태리 요리」. 형설출판사, 1999.

_____. 「호텔 서양조리 실무개론」. 백산출판사, 1985. pp. 218~223.

대한통계협회. 「한국표준산업분류」. 1991. p. 204.

동아 원색 세계대백과사전. 동아출판사, 22, 1983. p. 73.

리더스 다이제스트. 「잡학사전」. 동아출판사, 1989.

박병학. 「기본일본요리」. 형설출판사, 1997.

박춘란. 「식생활문화」. 도서출판 효일, 2002.

서진영 역. 「음식 문화의 수수께끼」. 한길사, 1992.

손경희 역. 「식품 문화사」. 효일, 1991.

신미혜. 「양념 공식 조리법」. 세종서적, 1996.

안효주. 「이것이 일본 요리다」. 샘터, 1998.

오혁수. 「일본요리」. 백산출판사, 2002.

윤서석. 「식생활 문화의 역사」. 신광출판사, 1999.

이규태. 「개화백경제 4권」. 음식신태양사, 1969.

______. 「이규태의 6000년 서울」. 조선일보사, 1993.

이면희. 「중국요리」. 조선일보사, 2000. p. 26.

______. 「중국요리의 기본 이론과 실제」. 한올회, 1989.

이부춘. 「왕과 대통령 101인의 정력요리이야기」. 넥서스, 1997.

이성우. 「한국식품문화사」. 교문사, 1985.

이춘자 · 김귀영. 「통과음식」. 대원사, 1997.

이향방. 「쉽고 재미있는 중국요리」. 여성자신, 1999.

이효지. 「조선 왕조 궁중 연회 음식의 분석적 연구」. 수학사, 1985.

______. 「한국음식 대관, 조선시대의 조리서」. 한국문화재 보호재단, 1997. p. 326.

장지현. 「전통식품 - 그 유구한 역사와 찬란한 미래」. 제1회 인체식품과학 FORUM陟, 1993. pp. 70~71.

장혁래. 「중국 요리 입문」. 지구문화사, 1996.

전병길 · 최수근. 「레스토랑 창업론」. 지구문화사, 2002.

전희정 · 이효지. 「서양음식」. 교문사, 1996. p. 454.

정청송. 「The Professional Chief」. 경희대학교 출판국, 1999. pp. 98~108.

______. 「서양조리학(하)」. 기전연구사, 1983. pp. 423~442.

______. 「조리기술론」. 경희대학교 출판국, p. 297.

조풍연. 「서울잡학사전(개화기의 서울풍속도)」. 정동출판사, 1989.

최수근. 「Sauce의 이론과 실제」. 형설출판사, 1988. p. 52.

_____. 「최수근의 서양요리」. 형설출판사, p. 109.

_____. 「프랑스 요리 역사」. 월간 조리12, 1991. pp. 56~59.

최옥자 · 장보주. 「중국요리」. 도서출판효일, 2001.

한국식품공업협회. 「식품공전」. 1997. p. 495.

한복진. 「우리 음식백가지 1.2」. 현암사, 1998.

_____. 「우리생활100년」. 음식 현암사, 2000.

_____. 「전통음식」. 대원사, 1989.

_____. 「팔도 음식」. 대원사, 1989.

한승원 외 7인. 「남도땅 멋길 맛길」. 디자인하우스, 2000.

한정혜. 「서양조리 2」. 중앙일보사, 1990. pp. 108~111.

현기순 · 이혜수 · 오수미. 「조리학」. 교문사, 1982. pp. 119~125.

호텔 신라 서비스 교육 센터. 「현대인을 위한 국제 매너」. 김영사, 1994.

____________________. 「양식조리 TW186」. 1991. pp. 91~92.

<신문>

조선일보, 동아일보, 중앙일보, 경향신문, 부산일보, 한국일보

Secret of Sauce

초　판 1쇄 발행 / 2007년　7월 30일
초　판 5쇄 발행 / 2012년　1월　5일
개정판 1쇄 발행 / 2015년　2월 27일
개정판 3쇄 발행 / 2017년 10월 10일

공저　최수근 · 이은정
발행처　형설출판사
경기도 파주시 회동길 37-23 · 전화 (031) 955-2361~4 · 팩시밀리 (031) 955-2341
발행인　장진혁
등록　라-제9호 · 1962년 5월 1일
홈페이지　http://www.hyungseul.co.kr
e-mail　hs@hyungseul.co.kr

정가 20,000원

ISBN 978-89-472-7579-8(93590)

이 도서의 국립중앙도서관 출판시도서목록(CIP)은 서지정보유통지원시스템 홈페이지(http://seoji.nl.go.kr)와 국가자료공동목록시스템(http://www.nl.go.kr/kolisnet)에서 이용하실 수 있습니다. (CIP제어번호 : CIP2015004125)

MEMO

저자 소개

최수근

전) 경주대학교 교수

전) 영남대학교 교수

전) 호텔 신라 총괄조리과장

전) (사)한국조리학회 학회장

전) (사)외식산업학회 학회장

영남대학교 식품학 박사

현) 전국조리과 교수협의회 회장

현) 경희대학교 조리서비스경영학과 교수

〈저서〉

소스 스쿨

소스 수첩

향신료수첩

소스의 이론과 실제

더 소스 The sauce

요리와 소스

이은정

영남대학교 식품가공학과 졸업

동 대학교 대학원 졸업

현) 대구공업대학 호텔영양학과 겸임교수

청도사찰음식 연구회 운영

MEMO